北陸本線
1960〜80年代の思い出アルバム

牧野和人 著

親不知海岸を背景に貨物列車を牽引する風波信号場〜親不知間のD51。なめくじドームを持つ初期型のデゴイチは北陸路では少数派だった。92号機は昭和30年代を富山、金沢区で過ごし、北陸本線の電化進展とともに秋田地区へ転出した。◎1963年7月21日　撮影：荒川好夫（RGG）

.....Contents

I部　北陸本線
米原〜新疋田 6
敦賀〜越前花堂 32
福井〜西金沢 54
金沢〜呉羽 76
富山〜直江津 96

II部　沿線の国鉄・JR路線
東海道本線 130
湖西線 131
小浜線 132
越美北線 133
七尾線 134
能登線 135

稲を干すはざ木になるのだろうか。沿線に広がる水田の中に小さな並木があった。木ノ本の南方は琵琶湖畔の田園地帯である。色づき始めた稲穂の波を滑るように、485系の特急「加越」が疾走した。◎高月〜木ノ本　1985年8月23日　撮影：高木英二（RGG）

城端線	136
氷見線	137
新湊線	138
高山本線	139
富山港線	140
大糸線	141
信越本線	142
三国線	143

【コラム】

前を向いたE10	11
北陸トンネル	40
サンパチ豪雪	55
煤にまみれた刀根越え	57
親不知子不知	123
急行が主力だった北陸路	128

はじめに

　県庁所在地の福井、金沢、富山をはじめ、日本海側の主要都市を結んでいた北陸本線は、明治期より官設鉄道によって建設が進められた生粋の主要幹線でした。その経路は大部分が江戸時代からの交通路だった北国街道に沿い、人馬に頼っていた人、物の輸送をそのまま鉄道へ容易に置き換えることができました。その一方で刀根から柳ケ瀬へ至る山越えや親不知海岸沿いの急峻な崖に沿った道など、街道時代からの難所を受け継いだ箇所が点在しました。鉄道にとってもそれらは長年に亘り、輸送の障壁となったのです。それでも難所を行く列車の車窓から眺める景色は、多くが山海の織り成す絶景でした。列車の運転に携わる方々の労苦と引き換えに、旅人は汽車旅の醍醐味を大いに堪能していたことでしょう。

　昭和40年代に入ると複線化、電化が推進され、北陸本線もいよいよ近代幹線らしい姿に変貌しました。東京、大阪、新潟と沿線の各都市を結ぶ特急が行き交います。新幹線の台頭で東海道山陽、上信越、東北路等から優等列車が姿を消す中、様々な名前を冠した列車が走り、特急街道としての面目を近年まで保ち続けてきました。しかし北陸路にも東方から新幹線が延伸し、2015（平成27）年に金沢までが開業。同時に直江津〜金沢間は第三セクター鉄道へ移譲されました。また、工事が継続されている福井、敦賀までの延伸開業も具体的になりつつあります。

　それでも特急「サンダーバード」「しらさぎ」が続行で走り抜け、在来幹線として最後の輝きを放っている北陸本線。今日よりもさらに多くの優等列車で運転ダイヤが網の目のように埋まっていた、全盛期の様子をまとめました。

　　　　　　　　　　　　　　　　　　　　　　　　　　　　　　　　　牧野和人

I部
北陸本線

「雷鳥」「しらさぎ」「はくたか」。北陸路を駆ける特急列車には鳥の名前がいくつも冠せられた。それは東海道の名列車「つばめ」「はと」に通じ、幹線の威厳を感じさせる。

◎敦賀〜新疋田　1994年10月26日　撮影：牧野和人

I部 ▶ 北陸本線
米原〜新疋田

北陸4県に跨る日本海縦貫線の一翼

　2015（平成27）年3月14日に北陸新幹線長野〜上越妙高〜金沢間が延伸開業するまで、米原〜直江津間353.9キロメートルの長大幹線であった北陸本線。数多く運転されていた特急は東京、新潟、大阪方面と金沢、富山等、沿線の主要都市を結んでいた。金沢以東でそれら、優美な姿も誇らしげに快走する列車は姿を消した。しかし、山海に彩られた風光明媚な沿線風景は変わらない。また、JRの貨物列車は大部分の区間を通して運転するものがあり、物流の動脈たる使命は今日も健在だ。

交流直流電化がせめぎ合った湖東地区

　滋賀県下で琵琶湖の東岸に位置する米原駅は、明治期に東海道本線と北陸本線が官設鉄道として同時開業以来、今日まで幹線鉄道の要として栄えてきた。1964（昭和39）年の東海道新幹線開業。1975年の湖西線開業で当駅に発着する在来線の優等列車は減少した。しかし、新幹線接続駅としての役割を担うこととなり、当駅を始発終点とする特急「加越」が金沢、富山間に設定された。現在も構内には長大なホームが健在だ。北陸本線の列車は6線ある乗り場のうち、通常は5・6・7番線に発着する。

　構内の東側で出番を待つ電車を横目に、列車は北陸路へ進み出す。東海道本線の上り線、東海道新幹線を潜って進路を北に取る。かつては直流と交流電化区間の境界としてデッドセクションが設けられていた田村駅付近を快調に走る。現在、米原〜敦賀間は直流電化されている。湖西線から乗り入れる列車を含め、普通列車の多くは東海道本線の「新快速」等で使われる直流型電車が運用されている。

　鉄道記念館がある長浜の市街地を進み、国道8号線を潜ったところで広々とした田園地帯へ出る。車窓の東側には岐阜滋賀の県境にそびえる伊吹山（1,377メートル）が望まれる。

　北陸路の重要な交通路だった北国街道と北国脇往還が分岐する旧宿場町の木ノ本。北陸本線の開業時には当駅から敦賀へ至る路は、山中の集落である柳ケ瀬を経由する急勾配が続く難所だった。現在は余呉湖の畔を回って塩津へ抜ける新線区間を通る。米原経由で運転される下り普通列車は近江塩津を終点とする便が多い。敦賀方面へ向かうには、湖西線から乗り入れて来る列車に乗り換えなければならない。駅付近で湖西線と合流し、全長5キロメートル余りにおよぶ新深坂トンネルを通って福井県下の新疋田駅に至る。新疋田〜敦賀間の上り線は、急勾配を緩和するためのループ線となっている。それに対して下り線は、敦賀の市街地へ向かって直線的に軌条が延びている。

　港町敦賀は鉄道と船、双方で運んできた物資の受け渡しが行われる陸海運の接点だった。港までは貨物専用の敦賀港線が北陸本線の支線として延びていた。列車輸送は2009（平成21）年に終了し、今では駅施設の一部がオフレールステーションとして営業を続ける。

米原駅を出発するD50牽引の客車列車。350号機は1968（昭和43）年に廃車されるまで、晩年を米原〜田村間の交直流接続区間で活躍した。大きな除煙板とパイプ煙突で、米原区に在籍したD50の中では若干近代的ないで立ちの機関車だった。◎1957年10月
撮影：日比野朗

杉津を経由する敦賀〜今庄間の旧線は、連続する急勾配と急曲線に加え、冬季は頻繁に積雪に見舞われる鉄路の難所だった。昭和30年代当時は長編成で重量級の客車列車が多く、D51が後部補機を付けて牽引した。◎1958年1月31日　撮影：野口昭雄

夜を徹して日本海縦貫線を駆け抜けて来た寝台特急「日本海」は、米原で牽引機が直流型電気機関車に替わる。EF58111号機は新製時より米原機関区に配属された。車体に似た青いヘッドマークが良く似合う。◎米原　1974年9月13日　撮影：長門 朗

I部▶北陸本線

米原駅構内のE10 2号機。丸みを帯びた太いボイラーは急客機C62を彷彿とさせる。本線上で長大な客車列車を牽引して、全く見劣りのしない唯一の国鉄タンク機関車だった。現在は埼玉県の鉄道博物館で展示されている。◎1958年6月　撮影：中西進一郎

米原〜新疋田

米原に留置されていたDD50。休車扱いとなって1年余りを経て、車体等には痛みが目立ち始めている。製造時期が異なる1次車と2次車で車体形状等に違いが見られる。書類上では1977（昭和52）年12月26日付で6両全てが廃車となった。◎1976年1月15日　撮影：野口昭雄

米原と福井、金沢を結んでいた急行「くずりゅう」。東海道新幹線に接続する急行として、全盛期には6往復が設定されていた。モノクラス車両のみの6両編成で運転され、先頭車は小振りなヘッドマークを掲げていた。◎田村〜坂田　1977年10月　撮影：野口昭雄

前を向いたE10

　第二次世界大戦後、日本最後の新製蒸気機関車として登場したE10。福島山形の県境に跨る奥羽本線板谷峠用として1948（昭和23）年に5両が製造された。しかし、配置された翌年に奥羽本線福島〜米沢間は直流電化され、巨大なタンク機はすぐに新天地へと旅立つ。

　肥薩線人吉〜吉松間の矢岳越えに転用されたが、急曲線が連続する区間では性能を生かせなかった。半年間ほど使用された後にD51と交代して金沢機関区へ再び転属。北陸本線津幡〜石動間の倶利伽羅峠で補機として運用されることとなった。転属に際して本務機の前に連結される都合上、それまでのバック運転を基本とした運用形態から、前向きの運転に適した改造が施された。運転士席周辺の機器が配置変更され、加減弁や動力逆転機の開閉方向が従来とは逆になった。しかし、運転室内で運転士席の位置はそのままのため、国内機では珍しい右運転席となった。当時、C51等の前補機として前向きで重連運転する様子を写した写真を見ると、本来の巨大タンク機らしい迫力を感じ取ることができる。

　倶利伽羅峠では新倶利伽羅トンネルの完成等で、勾配が緩和された新線区間が開業する1955年まで使用された。その後は米原機関区へ転属し、終の棲家となる米原〜田村間の交直接続区間の運用に当たった。運転形態は再び、石炭庫側が前を向く形態となり1962年に短い生涯を終えた。

田村駅構内に佇むE103号機。交流、直流電化区間の間に残された非電化区間だった、米原〜田村間の列車牽引に従事していた頃だ。1957（昭和32）年に金沢機関区から米原機関区へ全5両が転属して来た。◎1959年11月21日　撮影：宮地元（RGG）

I部 ▶ 北陸本線

田村付近を行く特急「しらさぎ」。先頭のクハ481はボンネット部分に「髭」と呼ばれる赤い塗り分けが施されている。また、スカート部にはクリーム色の線が入る。これらの塗装が西日本の交流電化区間用車両である「交流60ヘルツ区間限定編成」を示す。◎1974年9月13日　撮影：長門 朗

晩秋の湖北路は時雨模様だった。田園地帯の中に築堤が続く河毛〜高月間を、419系の普通列車が駆けて行った。北陸本線の増発策で生まれた「TOWNトレイン」のヘッドマークを掲出する。◎1990年5月4日　撮影：安田就視

3代目駅舎は1955 (昭和30) 年に竣工した。現在は橋上駅舎に建て替わっている。駅前の銅像は、戦国武将である豊臣秀吉と石田三成の出会いを表現したもの。長い髷を結っている方が秀吉だ。◎長浜駅　1982年10月　撮影：安田就視

長浜駅構内に隣接して、初代駅舎が保存されている。1882 (明治15) 年竣工の建物は、現存する日本の駅舎としては最古のものだ。1903年に2代目駅舎が完成した後は倉庫等に使われていた。1958 (昭和33) 年に第1回の鉄道記念物に制定された。◎長浜　1990年12月4日　撮影：安田就視

木ノ本構内で集電装置（パンタグラフ）を下ろして休むED70。田村〜近江塩津間の交流電化に対応すべく1957（昭和32）年に登場した。電化開業の直後に撮影された機関車は車体や屋上の碍子が美しく新車の香りが漂う。
◎1957年8月15日　撮影：野口昭雄

木ノ本駅を発車するD51牽引の貨物列車。これより柳ケ瀬、刀根を経由する山越えの旧線区間に入って行く。駅構内にはすでに架線が張られ、10月の電化開業に向けて準備が進められている。◎1957年8月2日
撮影：伊藤威信（RGG）

分岐器付近を被うスノーシェッドを潜って、柳ケ瀬にD51牽引の準急「ゆのくに」が入って来た。キハ55等、優等列車用の気動車が登場する以前の昭和30年代前半まで、非電化幹線における急行、準急の主力は客車だった。
◎1957年8月2日　撮影：伊藤威信（RGG）

米原〜新疋田

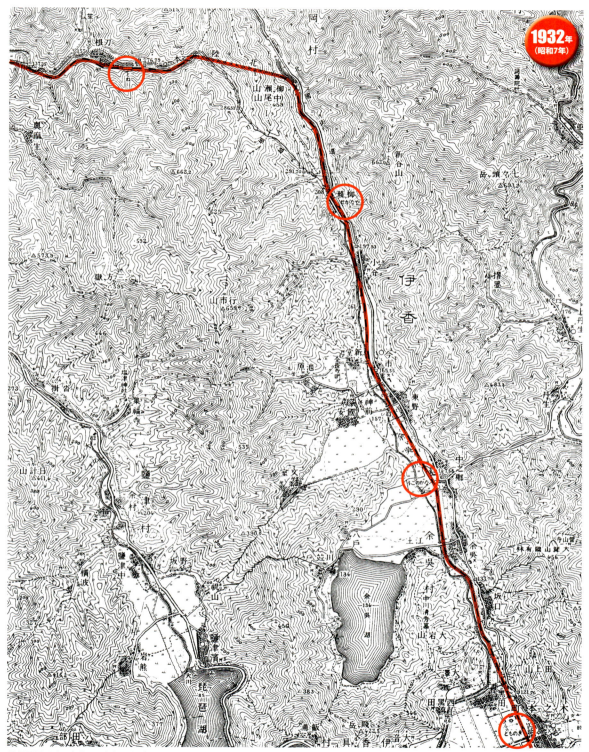

1932年（昭和7年）

敦賀界隈は東、南北の3方向に山が迫り天然の要塞という風情の地形である。長大なトンネルを掘削する技術が確立されていなかった時代、外地域からの交通路は険しい山越えを余儀なくされた。木ノ本から敦賀へ至る北陸本線は、北国街道と並行して北上し、柳ケ瀬トンネル(1,352メートル)を抜けて笙の川(しょうのかわ)沿いの谷を疋田地区へと進む。途中の刀根駅付近は大小の曲線が続く勾配区間で、蒸気機関車が主力であった時代にもDD50、DF50といったディーゼル機関車が投入された。木之本〜柳ケ瀬〜疋田〜敦賀間は新線に切り替わった後も柳ケ瀬線として営業を続けた。しかし、1964(昭和39)年に全区間が廃止された。

I部▶北陸本線

北陸路の名優が東海道本線を快走する

関西地区と北陸の間には多くの優等列車が運転されている。米原駅が主要幹線同士を結ぶ要だった時代から湖西線の開業に至るまで、世代交代を繰り返しつつも北陸路の主役達が今日も日本随一の在来幹線である東海道本線へ姿を見せる。

EF58が牽引して朝の東海道を西へ向かう急行「きたぐに」。14系座席車と寝台車の編成は、運転区間が新潟〜大阪間に短縮された、1982年11月ダイヤ改正以降の姿だ。◎岸辺　1983年10月29日　撮影：野口昭雄

京阪間を疾走する急行「ゆのくに」。大坂〜金沢、輪島間を米原経由で結ぶ列車だった。金沢止まりの列車には471系電車。七尾線へ入る輪島行きの列車にはキハ58系気動車が充当された。◎茨木　撮影：野口昭雄

米原〜新疋田

宮原客車区内の20系と14系座席車。20系編成の先頭に連結されている電源荷物車のカニ21は、「つるぎ」のヘッドサインを掲出している。夜の下り列車仕業まで暫し休憩。◎1975年10月　撮影：野口昭雄

湖西線回りとなった寝台特急「日本海」。交直両用機のEF81が秋田〜大阪間の日本海縦貫路線を走破した。上り列車では敦賀で、EF81同士の機関車交換が行われた。◎山崎〜高槻　1979年1月16日　撮影：野口昭雄

寝台特急の増発に貢献した581、583系は、間合い運用等を利用して昼行列車にも使われた。定期の「雷鳥」「しらさぎ」を始め、行楽期の臨時列車として独自のヘッドマークを掲出する姿を見ることができた。◎茨木　1990年7月26日　撮影：野口昭雄

I部 ▶ 北陸本線

米原〜新疋田

木ノ本から近江塩津へ抜ける新線は、琵琶湖の北側に水を湛える余呉湖の畔を通る。沿線の水田は区画整理されて整然とした模様。EF70牽引の貨物列車が冬枯れの中を走って行った。◎1981年12月30日　撮影：森嶋孝司（RGG）

近江塩津経由の新線開通で、急勾配急曲線が続く難行苦行からは解放されたものの、冬季に雪中行軍を強いられることに変わりはなかった。赤い電気機関車が機影を落として雪原を横切って行った。◎近江塩津〜余呉　1982年2月14日　撮影：森嶋孝司(RGG)

I部▶北陸本線

線路の間が広く取られた近江塩津を特急「加越」が通過して行く。昭和50年代には「ひばり」等、東北筋の特急が評定速度を下げる中で、時速86.1キロと在来線特急最速の座に就いていた時期があった。◎近江塩津駅　1985年11月　撮影：安田就視

米原で東海道新幹線に接続する特急だった「加越」。1978（昭和53）年10月2日のダイヤ改正でショートノーズの特急電車等に採用した絵入りのヘッドサインは、後にボンネット型車両へ拡大された。東尋坊を描いた大型のマークは一段と見栄えがした。◎近江塩津　1990年12月　撮影：安田就視

湖西線から近江塩津駅構内に入って来た485系の特急「雷鳥」。最後部に金沢から七尾線へ入る「ゆうトピア和倉」を併結している。2両編成の専用気動車は、1991（平成3）年に七尾線が電化されるまで特急運用に就いた。◎1990年12月　撮影：安田就視

雪の近江塩津駅に停車するクハ489 300番台車を先頭にした編成。新製から間もない姿である。1975（昭和50）年3月10日のダイヤ改正から「雷鳥」「しらさぎ」で485系との共通運用を図るため、北陸路で試運転中の様子だ。◎1975年2月23日　撮影：荒川好夫（RGG）

I部▶北陸本線

早春の山岳路線という風情が漂う2月の近江塩津付近を行く寝台特急「日本海」。国鉄による業務合理化策の一つとして、1975(昭和50)年より機関車へのヘッドマーク取り付けは廃止されていた。◎近江塩津　1976年2月　撮影：野口昭雄

米原〜新疋田

I部 ▶ 北陸本線

客車列車時代の急行「立山」。ED70の牽引で積雪の敦賀〜新疋田間を行く。ED70は客車内を暖める暖房装置を搭載していなかったので、次位に暖房車を連結している。蒸気機関車のように石炭を焚いて蒸気を発生させ、客車に暖気を供給する車両だ。◎新疋田　1958年1月31日　撮影：野口昭雄

新疋田〜敦賀間で客車列車を牽引するEF70。電化、新線開業後も旅客列車に用いられた車両は、第二次世界大戦前から昭和20年代にかけて製造された旧型客車が主力だった。赤い電気機関車だけが北陸路の新時代到来を呼び掛けているかのようだ。◎1963年10月25日　撮影：野口昭雄

米原〜新疋田

1957（昭和32）年に新線へ切り替わった敦賀〜新疋田間。写真は1963年の撮影だが、築堤等の壁面は土がむき出しになって、未だ竣工間もない雰囲気だ。EF70とED70の重連が貨物列車を率いて来た。◎新疋田　1963年10月25日　撮影：野口昭雄

疋田〜刀根間の旧線区間を行く急行「北陸」。荷物車の次位に青帯の入った2等車を2両連ねている。先頭に立つD51288号機は敦賀式の集煙装置と重油タンクを装備して、敦賀周辺の山越え区間に対応していた。◎1956年8月25日　撮影：伊藤威信（RGG）

I部 ▶ 北陸本線

新疋田〜敦賀間の下り線は下り勾配の直線。国鉄特急色の485系が闊歩する特急街道に彩りを添えるかのように、581系が「雷鳥」として白昼の鳩原地区を行く。青地の絵入りマークは寝台電車の塗装にも良く馴染んだ。◎1981年12月31日　撮影：森嶋孝司（RGG）

米原〜新疋田

手摺り等を銀色に装飾したお召装備で一般列車の運用に就くEF81121号機。1975(昭和50)年5月25日に滋賀県で第26回全国植樹祭が開催され、翌26日に湖西線近江今津〜堅田にお召列車が運転された。◎新疋田〜敦賀　撮影：荒川好夫(RGG)

客車列車を牽引するEF70と湖西線へ足を延ばす区間列車のキハ55が新疋田で出会った。運転席上の中央部に設置された前照灯1つのデザインは、昭和30年代に登場した近代車両の多くに共通している。◎撮影：小野純一(RGG)

米原〜新疋田

キハ65を先頭にした2両編成の普通列車が新疋田駅を出発した。永原〜近江塩津間に無通電区間（デッドセクション）を抱える、湖西線内まで運転する区間列車には気動車が充当されていた。◎1990年12月　撮影：安田就視

敦賀駅を出発した上り「トワイライトエクスプレス」。北陸本線は駅構内の外れで上下線が分かれ、間に機関区等の車両基地があった。上り列車は高い築堤を通って衣笠山、三足富士の稜線が立ちはだかる山間部へ足を進める。◎敦賀〜新疋田　1990年12月　撮影：安田就視

I部 ▶ 北陸本線
敦賀〜越前花堂

難所杉津越は今、北陸トンネルで短絡

　敦賀駅で米原、湖西線方面と福井方面へ向かう列車は、運用を分けられているものが多い。僅かな時間で福井行きに乗り換える。客車列車が全盛だった時代には、日本海縦貫路線を走破する長距離列車が設定されていた北陸本線。しかし、列車運用が効率化を求めて分断された今日で長距離普通列車は数を減らしている。延長130キロメートルほどの敦賀〜金沢間で、全区間を通して運転する普通列車は早朝、夜間を中心に5往復が設定されている。

　北陸本線と同じく、日本海側の主要交通路である国道8号線、北陸自動車道を潜って北陸トンネルへ入る。全長13,870メートルの長大トンネルは、途中に4か所のスイッチバックを擁する難所だった杉津経由の路線に代わる新線として1962（昭和37）年に開通した。その長さは、現在も狭軌鉄道の陸上トンネルとしては日本最長だ。10分足らずで陽光下へ出ると、周囲は切り立った山並みに囲まれる。トンネルの東側となる今庄界隈では、冬ともなれば日本海から吹き付ける風が稜線に当たって積雪をもたらす。車窓の視界が左右に開け、再び国道8号を潜ると武生に到着する。2005年に今立町との合併で、所在地名は越前市となったが、福井県下では福井市に次ぐ規模の都市であり、今以て武生の方が一般的に通りは良い。JR駅の北端部に、福井鉄道福武線の越前武生駅がある。東に大きく曲がり上下線が分かれて日野川を渡り、「めがねのまち」として売り出している鯖江市に入る。福井県は眼鏡フレームの生産で96パーセントの国内シェアを持つ。鯖江は生産の拠点だ。

　列車は北陸自動車道と並び、文珠山（365メートル）の麓を走って福井市内へ。越前花堂駅からは、九頭竜湖へ延びる越美北線が分かれている。また、当駅に隣接して貨物駅の南福井がある。西へ数百メートル離れて、福井鉄道の花堂駅もある。幾条もの側線が敷かれた貨物ヤードの中央部を突破して北進。市内の中心部を流れる足羽川を渡ると、すぐに県庁所在地福井市の鉄道玄関口である福井駅に到着する。

北陸本線で西の一大拠点となっている敦賀駅。昭和30年代の駅舎は、コンクリート造りながら平屋で、思いの外小振りに映る。建物越しに見えるホームに架かるテルハの方が、大規模な駅であることを象徴しているかのようだ。◎1962年5月27日　撮影：荻原二郎

敦賀〜越前花堂

1982(昭和57)年の敦賀駅前。ロータリーが整備され、駅舎付近でたくさんのタクシーが客待ちをしている。増え続ける自家用車への対策か、パーキングメーター付きの駐車帯が設けられている。画面中央部に建つのは市章を冠した敦賀市の広告塔。◎1982年10月　安田就視

大阪行きの「雷鳥4号」が敦賀駅の2番ホームに入って来た。富山を早朝の6時49分に発車した特急は、300キロメートルを超える道のりを4時間足らずで走破していた。1番ホームには小浜線の気動車が停車している。◎1984年6月　撮影：安田就視

敦賀の車両基地で洗浄線に停車する茶色い旧型客車はオハユニ61。郵便、荷物室、普通客室を備える合造客車だ。1981（昭和56）年当時は、客車列車が残っていた小浜線等での運用があった。
◎1981年8月28日　撮影：長門 朗

車体のリベットが厳めしいオハ35に「米原行」と描かれた行先表示板（サボ）が掛かっている。昭和50年代の北陸本線には、1本の列車として全区間を通して走るものや、信越本線長岡と米原を結ぶ長距離普通列車が健在だった。
◎敦賀　1981年8月28日　撮影：長門 朗

上下線が分かれる新疋田～敦賀間を行くキハ55系の2両編成。昭和30年代に電化開業した北陸本線の敦賀界隈だったが、湖西線内の無通電区間（デッドセクション）を跨ぐ列車等に気動車が使用された。◎1976年2月1日　撮影：野口昭雄

敦賀駅に下り急行「立山」が入って来た。先頭車は大型のヘッドライトが特徴のクモハ475だ。背景の機関区構内にはEF70の赤い車体が並ぶ。EF81への置き換えを控え、多くの車両に休車が掛けられていた時代である。◎1981年8月28日　撮影：長門 朗

敦賀駅に停車する471系6両編成の普通列車。北陸本線の急行へ投入された471系と473系は、昭和60年前後より本来の急行運用が縮小したことに伴い、「急行塗装」のままで普通列車の運用に就いた。◎1984年6月　撮影：安田就視

I部 ▶ 北陸本線

近隣に柳ケ瀬越え、杉津越えと急勾配の難所を抱えていた敦賀には、大規模な機関区があった。敦賀第1機関区には北陸本線用のD51と小浜線用のC58がそれぞれ10両程度配置されていた。また北陸本線用としてDD50、DF50も所属していた。◎敦賀第一機関区　1959年2月　撮影：中西進一郎

敦賀周辺で北陸本線に険しい山越えが立ちはだかっていた昭和30年代の敦賀第一機関区。扇形庫の前に集煙器と重油タンクを装備した、山岳区間仕様のD51が待機していた。集煙器は制作した工場により形態が異なる。◎1959年3月　撮影：中西進一郎

除雪車は積雪期を終えると、機関区や貨客車区の側線に留置されていたものだ。写真のキ100は敦賀駅常駐と車体側面に記載されている。前面の窓は、視認性を向上させるために延長されている。◎敦賀貨車区　1959年4月　撮影：中西進一郎

ロータリー式除雪車のキ600。厳しい冬の仕業を乗り越え、春の敦賀貨車区で来冬まで休眠状態となっている様子だ。前面の大きな羽根を蒸気機関で回転させ、線路上の雪を跳ね飛ばした。◎1959年4月　撮影：中西進一郎

敦賀から杉津へ向かう経路は、木ノ芽川の谷間で急曲線を繰り返しながら上流域へ上って行く山路が続いていた。車窓の山側に道路が並行する新保駅付近を、キハ82系の特急「白鳥」が行く。◎新保　1962年2月18日　撮影：野口昭雄

敦賀～今庄間の旧線区間に当たる杉津～山中信号場間を行くキハ82系の特急「白鳥」。杉津から今庄方へ進むと、山中峠の下を旧線区間最長の山中トンネル（1,220メートル）を潜った先にスイッチバック構造の山中信号場があった。◎1962年3月4日　撮影：野口昭雄

杉津駅に入線するD51が牽引する貨物列車。真夏の機関車は煙突からほとんど煙を吐くこともなくやって来た。しかし、駅の両側に続く急勾配は季節を問わず、乗務員の前に厳しく立ちはだかる。◎1956年8月26日　撮影：伊藤威信（RGG）

敦賀駅の4番乗り場は、5番乗り場があるホームの1部を切り欠いた部分にある。福井方が行き止まりとなった構造だ。北陸本線の上り列車が発着する他、小浜線の列車が共用していた時期があった。◎1962年2月　撮影：中西進一郎

I部▶北陸本線

北陸トンネル

　敦賀は海辺の街でありながら三方を山に囲まれ、隣町へ行くにはいずれも険しい山越えを強いられる。福井方面へ向けて鉄道が建設された折には海岸部に近い杉津へ出て、谷筋沿いに今庄へ至る経路が採用された。鉢伏山の山中を抜ける鉄路は4か所のスイッチバックと多数のトンネルを有し、輸送上の弱点となっていた。

　昭和期に入って鉄道需要が増す中で、木ノ芽峠の下を直線的に結ぶ杉津越えの短絡ルートとして計画されたのが北陸トンネルだった。全長13,870メートルにおよぶ長大トンネルは1957（昭和32）年より建設が開始され、1962年6月10日に開通した。国内で陸部に建設された鉄道トンネルとしては現在も最長である。同日に旧線区間は廃止され、「海のながめのたぐひなき 杉津をいでてトンネルに 入ればあやしやいつのまに 日はくれはてゝ暗なるぞ」と鉄道唱歌に謳われた杉津付近から敦賀湾を望む眺めは過去のものとなった。

　北陸トンネルといえば、1972年11月6日に発生した列車火災事故が思い浮かぶ。未明に同トンネル内を走行していた急行「きたぐに」は、食堂車からの出火によりトンネル内で停車。煙による窒息等で30名の犠牲者が出た。この事故を機にトンネル施設等における防災設備の設置や車両の難燃化等が図られ、災害時への対応を促す教訓となった。

北陸トンネルの敦賀方坑口。敦賀市郊外東方の樫曲地区にある。急勾配、急曲線が続いた杉津経由の難行は、長大トンネルの開通で解消された。ポータルの傍らには、トンネル火災事故の慰霊碑が建つ。◎南今庄〜敦賀　1990年12月　撮影：安田就視

今庄〜南今庄間を行くジョイフルトレイン「セイシェル」。キハ58形2両とスハフ12形1両を後藤工場で改造した。客車が種車のキサロ59をキロ59が挟む3両編成の団体列車用車両だ。1990（平成2）年当時は福知山運転所の所属だった。◎1990年12月7日　撮影：安田就視

藤倉山（643メートル）の麓にある今庄は、北陸本線でも屈指の豪雪地帯だ。ロータリー除雪車のDD14が駅構内で作業に励んでいる。線路を被う雪をかき集め、隣の無蓋車へ向かって、雪を積み込んでいるようだ。◎1981年1月11日　撮影：小野純一（RGG）

I部▶北陸本線

敦賀〜越前花堂

晩秋の湯尾〜今庄間を行くキハ58とキハ28の急行「はしだて」。福井と宮津線（現・北近畿タンゴ鉄道宮津線）天橋立を結んでいた。国鉄の分割民営化、宮津線の第三セクター化後も継続され、1992（平成4）年まで運転された。◎1990年12月5日　撮影：安田就視

鯖江～武生間で日野川を渡る一般型気動車2両編成の普通列車。北陸本線が全線電化されて久しい1986(昭和61)年の撮影だが、運用上の都合等から一部の区間列車を気動車が受け持っていた。◎1986年12月　撮影：安田就視

杉津越えで福井側の麓に位置する今庄には機関区があり、補機運用を中心とする機関車が配属されていた。D51が煙を燻らせて構内に佇む。真夏の運転台は灼熱地獄だ。換気のためか前面扉が開け放たれていた。◎1961年8月　撮影：中西進一郎

敦賀〜越前花堂

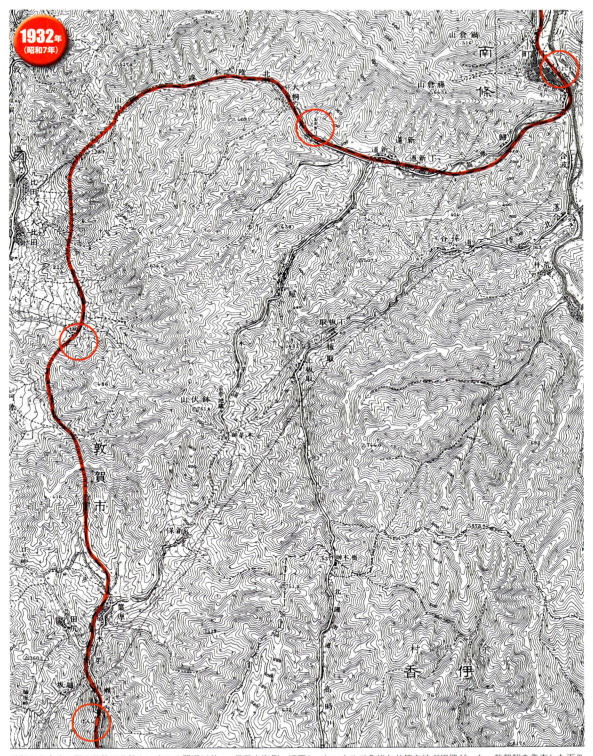

敦賀から今庄へ至る鉄路は北陸トンネルの開通以前、一旦日本海側へ迂回し、トンネルで急峻な谷筋を結ぶ経路だった。敦賀駅を発車した下り列車は、木の芽川に沿って山間部へ入って行く。瀬河内地区に設けられた新保駅を過ぎるといよいよ勾配は厳しくなり、葉原トンネルを始めとする大小のトンネルを抜けて日本海の展望が開ける杉津（すいづ）に着く。行く手には大きな弧を描く築堤。そして標高389メートルの山中峠が控える。うっそうとした森をいくつものトンネルで刻みながら進む。山中トンネル(1,194.5メートル)を抜けて現在の南今庄駅付近へ続く谷筋へ出る。大桐駅を経由し、列車は機関区のある今庄へ到着する。旧線の経路は今日、県道として整備されて遠い日の汽車旅を自動車で体験できる。

45

北陸本線経由で名古屋と富山を結ぶ特急として8往復体制で運転していた頃の「しらさぎ」。民営化後は東海道本線を走行する米原までの運用をJR東海、北陸本線内をJR西日本が受け持った。◎南条〜湯尾　1990年12月　撮影：安田就視

「雷鳥」の後部に連結された「ゆぅトピア和倉」。非電化路線だった七尾線へ直通する臨時特急として1986(昭和61)年末より運転を開始した。キハ65を改造した「ゆぅトピア」が専用で運用された。◎鯖江〜武生　1990年12月5日　撮影：安田就視

敦賀〜越前花堂

交流区間らしい、真っ赤な塗装を施された普通列車が日野川を渡る。先頭の車両は急行型のクハ455だ。普通列車の電車化に伴い不足する制御車を補う為に、急行型の制御車、グリーン車を改造の上で転用した。◎鯖江〜武生 ◎1986年12月 撮影：安田就視

I部 ▶ 北陸本線

武生駅にED70が牽引する客車列車が入線して来た。電化後の北陸本線で、普通旅客列車の主力は長きに亘って客車だった。側線には2軸貨車が並ぶ。またホームには小荷物が積まれ、貨物輸送が盛んな様子を窺わせる。◎1963年10月13日　撮影：荻原二郎

古風な木造の旅館にボンネットバスが佇む武生駅前は1963（昭和38）年の撮影。駅舎は通りの行き止まりに建ち、街の玄関口という威厳を湛えている。歩道沿いに留め置かれた自動車が大らかだった時代を語る。◎1963年10月13日　撮影：荻原二郎

敦賀〜越前花堂

北陸本線の年表

年月日	内容
1869（明治2）年11月10日	政府の廟議決定により、琵琶湖沿岸と敦賀とを結ぶ鉄道路線の建設が決定。
1880（明治13）年1月	鉄道局長の井上勝が、米原〜敦賀間の路線を塩津経由から柳ケ瀬経由に変更し、当初の建設区間を長浜〜敦賀間とすることを上申する。
1882（明治15）年3月10日	官設鉄道の長浜〜柳ケ瀬間と洞道口〜金ケ崎（現・敦賀港）間が開業する。
1882（明治15）年5月1日	太湖汽船が、琵琶湖上の大津〜長浜間で鉄道連絡船を就航させる。
1884（明治17）年4月16日	柳ケ瀬トンネルが完成し、柳ケ瀬〜洞道西口間が延伸開業。洞道西口駅、麻生口駅を廃止。金ケ崎〜長浜間が全通する。
1889（明治22）年7月1日	長浜〜米原間が延伸開業し、京都〜敦賀間の鉄道が完成する。米原〜金ケ崎間の列車が2時間で結ばれる。
1896（明治29）年7月15日	北陸線の敦賀〜福井間が開業し、米原〜福井間を3往復、所要時間は4時間47分で運転する。
1899（明治32）年3月20日	高岡〜富山間が延伸開業し、北陸線敦賀〜富山間が全通。
1908（明治41）年5月1日	新橋〜名古屋間の列車1往復の運転区間を延長し、新橋〜米原〜富山間で運転を開始する。
1909（明治42）年10月12日	線名称の制定により、米原〜富山〜魚津を北陸本線、敦賀〜金ケ崎（貨）間をその支線とする。
1912（明治45）年6月15日	敦賀〜ウラジオストク間を結ぶ国際航路の出入港日に合わせ、新橋〜金ケ崎間の直通列車が運転を開始する。
1913（大正2）年4月1日	青海〜糸魚川間の開業により米原〜直江津間が全通。これに伴って信越線支線の糸魚川〜直江津間が北陸本線に編入される。
1915（大正4）年3月25日	上野〜直江津〜神戸間の列車が運転開始を開始する。
1924（大正13）年7月31日	羽越線全通に伴って神戸〜富山間の急行が青森まで延長運転。所要時間は31時間40分。
1938（昭和13）年11月	木ノ本駅から琵琶湖の北岸を経由し、塩津付近から長大トンネルで敦賀に抜ける新線が着工される。
1955（昭和30）年12月5日	新倶利伽羅トンネルのうち1本が完成する。
1957（昭和32）年10月1日	木ノ本〜近江塩津〜敦賀間の新線が開業。柳ケ瀬経由の旧線を柳ケ瀬線として分離する。
1957（昭和32）年11月	北陸トンネルの工事が着工される。
1961（昭和36）年7月31日	北陸トンネルが貫通する。
1961（昭和36）年10月1日	大阪〜青森・上野間の気動車特急「白鳥」が運転を開始する。
1962（昭和37）年6月10日	敦賀〜今庄間の北陸トンネル経由の新線が、複線電化で開業。旧線上の新保、杉津、大桐の各駅を廃止する。
1963（昭和38）年4月4日	福井〜金沢間が電化される。
1963（昭和38）年10月1日	柳ケ瀬線の疋田〜敦賀間を休止する。
1964（昭和39）年12月25日	大阪〜富山間で特急「雷鳥」、名古屋〜富山間で特急「しらさぎ」が運転開始する。
1965（昭和40）年10月1日	特急「白鳥」の上野行き編成を分離し、上野〜金沢間の特急「はくたか」として独立する。
1968（昭和43）年10月1日	米原〜金沢間で時速120km運転を開始し、大阪〜金沢間の所要時間は3時間27分に短縮。大阪〜青森間に寝台特急「日本海」を新設、急行「日本海」を「きたぐに」と改称する。
1969（昭和44）年9月29日	浦本〜有間川間、谷浜〜直江津間が複線化。糸魚川〜直江津間が電化されたことで全線が複線・電化。2日後に能生、筒石、名立の各駅を複線電化の新線に移転。郷津駅が廃止。
1969（昭和44）年10月1日	全線の複線電化完成に伴って上野〜金沢間の特急「はくたか」を電車化し、上越線経由に変更。大阪〜新潟間に臨時特急「北越」を新設する。
1972（昭和47）年3月15日	上野〜金沢間の急行「白山」を特急に格上げ。大阪〜富山間の寝台急行「つるぎ」の運転区間を大阪〜新潟間に拡大する。
1972（昭和47）年6月29日	東京都と大阪市とを結ぶ北陸新幹線の基本計画が決定される。
1972（昭和47）年10月2日	大阪〜青森間が全面的に電化され、特急「白鳥」を電車化。寝台急行「つるぎ」が特急に格上げされる。
1972（昭和47）年11月6日	北陸トンネルを走行中の青森行き急行「きたぐに」で火災事故が発生し、30人が死亡する。
1975（昭和50）年3月10日	大阪方面と北陸を結ぶ優等列車の大半が湖西線経由に変更。米原〜富山間に特急「加越」を新設。急行「北陸」が寝台特急に格上げされる。
1982（昭和57）年11月15日	上越新幹線開業に伴い「はくたか」が廃止される。
1985（昭和60）年3月14日	東北新幹線上野開業に伴い、「白山」が減便される。
1986（昭和61）年11月1日	速度向上で特急「雷鳥」の大阪〜金沢間の所要時間が2時間52分に短縮される。
1988（昭和63）年3月13日	上越新幹線に連絡する金沢〜長岡間の特急「かがやき」、米原〜金沢間の特急「きらめき」が運転を開始する。
1989（平成元）年3月11日	最高時速を130kmに向上した特急「スーパー雷鳥」が運転を開始。
1995（平成7）年4月20日	大阪・富山・和倉温泉間で特急「スーパー雷鳥（サンダーバード）」が運転を開始。
1997（平成9）年3月22日	北越急行ほくほく線の開業に伴い、越後湯沢〜金沢間の特急「はくたか」が運転を開始。
2006（平成18）年10月21日	長浜発着、湖西線近江今津発着の新快速が敦賀まで乗り入れを開始。
2010（平成22）年3月13日	特急「北陸」・急行「能登」を廃止する。
2011（平成23）年3月12日	特急「雷鳥」を廃止する。
2012（平成24）年3月17日	特急「日本海」・急行「きたぐに」を廃止する。
2015（平成27）年3月13日	特急「はくたか」「北越」、臨時特急「トワイライトエクスプレス」を廃止する。
2015（平成27）年3月14日	北陸新幹線長野〜金沢間の延伸開業に伴い、金沢〜直江津間（177.2 km）を廃止し、金沢〜倶利伽羅間が「IRいしかわ鉄道線」に、倶利伽羅〜市振間が「あいの風とやま鉄道」に移管され、あいの風とやま鉄道線に、市振〜直江津間がえちごトキめき鉄道に移管され「日本海ひすいライン」になる。

I 部 ▶ 北陸本線

敦賀〜越前花堂

福井市内の足羽川を渡る485系の特急。川の周辺はビルが建ち並ぶ市街地の様相だ。しかし、初冬の水面では渡り鳥が羽根を休め、小春日和を楽しんでいる様子。旧国鉄特急色が画面に温もりを添えている。◎福井〜越前花堂　1990年12月　撮影：安田就視

I部 ▶ 北陸本線
福井〜西金沢

最後の賑わいを魅せる特急街道

　福井駅は北陸新幹線駅の建設に伴い高架化された。在来線は2面5線のホームを有する。それに対して、新幹線に用意されたホームは1面2線で、ターミナル駅としては手狭な雰囲気だ。同じ構内にはえちぜん鉄道勝山永平寺線の駅がある。また、西口駅前に福井鉄道福武線支線の停留場が設置されている。金沢方面へ向かう普通列車は日中、1時間に1本程度の頻度で当駅を始発としている。西方からは越美北線の列車が全て乗り入れて来る。「サンダーバード」「しらさぎ」等の特急も全て停車する。

　福井を発車した下り列車は、しばらくえちぜん鉄道と並走。えちぜん鉄道の福井口駅を過ぎ、単行電車が集う車庫を東側に見て、福井口から分岐する三国芦原線を潜る。左手車窓に水田が広がり始めたところで、県を象徴する河川と言われる九頭竜川を渡る。丸岡周辺ではソバの栽培が盛んだ。例年9月には車窓から望まれる圃場に花が咲き、白い絨毯となって旅人は目を奪われる。

　関西の奥座敷と称される芦原温泉を過ぎると、行く手は森影を望む丘陵越えとなる。線路は左右に曲線を重ねつつ、牛ノ谷駅を過ぎてあわら市と加賀市の境界でトンネルを潜る。

　加賀温泉、粟津と著名な温泉街が続き、列車は石川県南部の市小松に着く。地域の拠点である当駅には、北陸新幹線が延伸開業した際には駅が設置される予定だ。また、昭和期に廃止された尾小屋鉄道、北陸鉄道小松線の始発駅が隣接し、地域交通の中心でもあった。

　小松から先で、北陸本線はさらに海岸線寄りを走る。小舞子駅付近で日本海まで300メートル程の距離に迫る。しかし、沿線の家並みや海岸部を通る北陸自動車道が壁となって、車窓から絶景を望むのは難しい。手取川を渡ると再び内陸部へ向かい、大規模な車両工場がある松任に着く。駅構内から工場へ延びる線路の先に淡い緑色の屋根が望まれる。隣の野々市市にある野々市市駅までは白山市内で、犀川に注ぐ小さな支流を渡って金沢市内へ入る。北陸鉄道石川線との連絡駅西金沢を過ぎ、市街地を縦断する犀川の本流を渡ると、北陸百万石の都金沢に到着だ。

線路の間に高い雪の壁ができた福井駅構内。発車を待つ電気機関車の前には雪が容赦なく降り続いている。自身のスノウプラウで押して来た雪は塊となって、前途多難な旅を暗示している。1981（昭和56）年の冬景色だ。◎1981年1月11日　撮影：小野純一（RGG）

雪まみれで福井駅に到着した485系特急「雷鳥」。1980（昭和55）年から翌年にかけて、記録的積雪に見舞われた五六豪雪時の一コマだ。福井市の最深積雪量は歴代4位となる196センチを記録した。
◎1981年1月　撮影：小野純一（RGG）

サンパチ豪雪

　金沢、富山等、北陸の主要都市はその多くが海の近くに広がっている。そのため、雪国の印象が強い北陸といえども通常、積雪に見舞われる機会は多くない。しかし、1963（昭和38）年の冬は事情が違った。1962年12月22日から日本を被い始めた寒気は東北や北陸等、日本海側の地域から九州にかけて大雪をもたらした。その勢いは年が明けても収まらず、各地で異常な積雪量となった。新潟県下の長岡で315センチとなったのをはじめ、北陸本線沿線の富山で186センチ、金沢で181センチ、福井、敦賀で196センチを記録した。福井県下の豪雪地、今庄では231センチに達した。

　その結果、交通機関は寸断されて物流は滞った。当時は国道を始めとした道路整備が行き届いておらず、物資の輸送は大部分が鉄道に頼る状況だ。しかし自然の猛威には逆らえず、北陸本線では1月11日から貨物列車の計画運休を強いられた。加えて15日には降雪が激しさを増して、多くの列車が運行の途中で立ち往生するに至った。主要駅や貨物ヤードには運行再開を待つ列車が停滞。それらの列車も長時間の内に凍り付いて、動くことさえ困難な状態に陥っていた。2月中旬に雪はようやく収まったが、職員は長期間に亘って除雪作業に明け暮れ、鉄路の確保に奮闘した。地域によっては自衛隊の応援も仰いだ。

　大雪の原因は、前年に世界各国へ異常気象をもたらしたラニーニャ現象とされる。また異常気象が叫ばれる近年では、サンパチ豪雪の後にも雪に埋もれた冬は幾度もやって来た。最近では2018（平成30）年の1～2月にかけて日本上空に寒気が居座り、北日本を中心に大雪を降らせた。半世紀前とは除雪対策が格段に向上した北陸本線でも、少なからず列車運行に支障が出た。

I部▶北陸本線

福井機関区にあった転車台の前に停車するD50334号機。本機は昭和期の製造ながら化粧煙突にスポーク動輪。そしてリベットの多い炭水車と、大正生まれの機関車が纏う雰囲気を漂わせていた。またランボード入った白線が優美だ。◎1964年9月　撮影：中西進一郎

南福井等で貨車の入れ替え等に用いられていたD50269号機。除煙板のない姿は、新造時の原形を彷彿とさせる。末期は冬季に限りディーゼル機関車の代用として稼働していた。◎　1964年9月　撮影：中西進一郎

福井〜西金沢

南福井に留置されていたD50224号機。1927（昭和2）年製の大型貨物機は長らく関西地区で活躍した後、1956年に富山区へ転属した。写真は北陸本線の電化進展に伴い、九州の直方機関区へ送られる途中の一コマだ。◎1964年9月　撮影：中西進一郎

煤にまみれた刀根越え

　北陸本線で最初の開業区間となった長浜〜柳ケ瀬間。洞道口〜金ケ崎（現・敦賀港）間の開業から、2年後の1883（明治16）年に柳ケ瀬と洞道西口（かつての洞道口）を結ぶ柳ケ瀬トンネルが開通し、長浜と敦賀は鉄路で結ばれた。しかし、木ノ本以北は深い山間を縫う急勾配区間であり、近代鉄道技術が未だ確立されていなかった中で敷設された鉄路の周辺では、土砂崩れや、地滑りが度々起こった。また、当地は日本海側に対峙して、深山が屏風のようにそびえる豪雪地帯でもある。冬季は雪害により、列車運行に支障をきたすことも常であった。
　こと、蒸気機関車の煤煙に燻される乗務員の労働環境は過酷だった。そのため1928（昭和3）年に発生した、柳ケ瀬トンネル内での窒息事故を機に路線の変更が検討された。第二次世界大戦を挟む中で工事の中断期間があったものの、1957年に現経路となる近江塩津駅経由の新線が単線で運転を始めた。1963年の複線化時には、新疋田〜敦賀間の上り線にループ線が建設された。一方、旧線区間は柳ケ瀬線として存続した。しかし、「日本一の赤字路線」と揶揄されるほどの閑散線区となり、北陸本線の複線化で共用区間だった疋田〜敦賀間はバスに転換されて運転を休止した。1964年には全線が廃止。現在は木ノ本〜疋田間がトンネル部分を含めて道路となっている。

I 部 ▶ 北陸本線

福井～西金沢

福井～森田間で九頭竜川を渡る2両編成のキハ53。白地に緑の斜線が施された塗装は、民営化後に施工された越美北線の路線色である。検査入場等の際には、工場のある松任まで北陸本線を走った。◎1990年12月8日　撮影：安田就視

夕暮れの芦原温泉付近を行く普通列車。本線系で客車が主流だった時代には、郵便車や荷物車を併結しているものが多く見られた。この列車も編成中の半分位が旅客用ではない。形式によって異なる姿が楽しい。◎1980年10月14日　撮影：長門 朗

芦原温泉駅で顔を揃えた上下の特急「しらさぎ」。前面がショートノーズ型のクハ481 300番台車はすっきりとした面立ち。列車を併結分割する機会がなく、必要性を問われていた貫通扉の廃止で、運転室等に隙間風が吹き込み難くなった。◎1977年8月11日　撮影：荒川好夫（RGG）

橋上駅舎の芦原温泉。駅名の温泉街とは5キロメートルほど離れている。開業時の駅名は金津だった。1972（昭和47）年に旧国鉄三国線の廃止に伴い、旧芦原駅が廃止されたのを受けて現駅名に改称された。◎1986年6月　撮影：安田就視

I 部 ▶ 北陸本線

福井～西金沢

冬枯れの細呂木～芦原温泉間を行く「トワイライトエクスプレス」。福井県と石川県の温泉街を結ぶ区間では午前中に上り、午後に北海道へ向かう下りの豪華列車を、白昼に見ることができた。◎1990年12月9日　撮影：安田就視

I 部 ▶ 北陸本線

福井～西金沢

大聖寺～加賀温泉間で大聖寺川を渡る北陸本線。長さ100メートル余りの橋梁はコンクリート製だ。民営化された後の平成初期には、ボンネット形の制御車を含む485系の初期車編成が、主力の一角を担っていた。◎1990年12月　撮影：安田就視

短編成の貨物列車を牽引して牛ノ谷〜大聖寺間を行くEF70。昭和50年代に入るとワム80000、ヨ8000等、2軸貨車にも新しい顔ぶれが目立つようになった。北陸本線電化の立役者は、九州転属を前に最後の活躍を見せていた。◎撮影：小野純一（RGG）

福井～西金沢

牛ノ谷～細呂木間を行くEF81牽引の貨物列車。1974（昭和49）年の湖西線開業以降、交直流両用の電気機関車は交流、直流電化区間を跨ぐ長距離運用の利く優位性を買われて、北陸路の主力となった。◎1986年12月　撮影：安田就視

I部▶北陸本線

急行「ゆのくに」のうち、大阪～七尾線輪島を結ぶ1往復はキハ58等の気動車で運転されていた。同列車は大阪～新潟間の急行「越後」を大阪～金沢間で併結。日中の北陸路に長大な気動車列車が現れた。◎牛ノ谷～大聖寺　撮影：小野純一（RGG）

福井〜西金沢

北陸本線で運転されていた客車時代の普通列車には、雑多な形式が使われていた。元急行型のスハ43系に戦前派のオハ35。その先には軽量客車のナハ10系が続く。編成の先頭部には郵便車と荷物車が連結されている。◎加賀温泉　1982年7月8日　撮影：長門 朗

加賀温泉駅を出発したEF70牽引の普通客車列車。交流電化区間で電気機関車は通常、後ろ側の集電装置（パンタグラフ）を上げて運転する場合が多い。この時は上下の列車を連続して牽引する等、運用の都合からか前方の集電装置を上げていた。◎1982年7月8日　撮影：長門 朗

福井～西金沢

加賀温泉駅に停車する特急「雷鳥」。先頭に立つクハ481のスカートはクリーム1色塗りだ。東北新幹線の開業で、在来線特急の「ひばり」「やまびこ」等に使われていた485系が西日本へ転属。東北仕様のいで立ちで使われた。◎1982年7月8日　撮影：長門 朗

加賀温泉駅前に立つ1982（昭和57）年当時の観光案内板。山中、山代、片山津、粟津と北陸の有名温泉郷が肩を並べる。また、ゴルフ場の表記が多数あり、温泉入浴を兼ねた娯楽の一つであった時代を窺わせる。◎1982年8月27日　撮影：安田就視

I 部 ▶ 北陸本線

動橋駅にC57牽引の219ﾚ客車列車がやって来た。機関車の次位には、3等表記が残るダブルルーフの客車が連結されている。ホームに植えられた松の木が、日本的な風情を醸し出す。牛ノ谷界隈の丘陵越えを控え、構内に大柄な給水塔がある。◎1957年8月27日　撮影：伊藤威信（RGG）

福井〜西金沢

I部 ▶ 北陸本線

小松〜明峰間を行く気動車は「シュプール&リゾート」。スキーシーズンに関西と信州等の間で運転していた「シュプール号」用に、キハ65を改造して1989（平成元）年に登場した。電車との併結機能も備えていた。　◎小松〜明峰　1990年12月　安田就視

小松駅の構内にEF70が牽引する貨物列車が入って来た。2軸貨車を連ねた編成は、昭和50年代までの国鉄路線で見られた日常風景。機関車の次位には白い車体の冷蔵車が続く。生鮮食料品や生きた家畜等、様々な貨物を運ぶための専用車両があった。◎1977年3月11日　撮影：長門 朗

小松駅からは市内南側の山間部に位置する、尾小屋までを結ぶ尾小屋鉄道が延びていた。軌間762ミリの軽便鉄道は1977(昭和52)年まで運転された。手前のキハ3は車体に、遠州鉄道時代の車番である1803を表記している。全線廃止9日前の撮影だ。◎1977年3月11日　撮影：長門 朗

石川県下の小舞子～美川間を流れる手取川。駅名、川の名前全てから他県を連想する御仁もあろうか。鉄道橋は日本海へ注ぐ河口付近にある。上下線にはそれぞれ独立した上部トラス橋が架かる。◎1990年12月　撮影：安田就視

Ⅰ部 ▶ 北陸本線
金沢～呉羽

第三セクター鉄道の新幹線並行区間

　北陸新幹線の開業で金沢以東は３つの第三セクター会社に移管された。金沢～倶利伽羅間がIRいしかわ鉄道線、倶利伽羅～市振間があいの風とやま鉄道線、市振～直江津間はえちごトキめき鉄道日本海ひすいラインになった。石川、富山、新潟の各県下を通る鉄道路線を、自治体ごとに管理運営している。

　２路線に跨る金沢～富山間では直通運転が行われる。２社の車両が相互乗り入れする運用形態で、JR西日本の521系と同じ電車等が走る。

　金沢駅を発車すると隣接する北鉄金沢駅が地下化されている北陸鉄道浅野川線を跨ぐ。「サンダーバード」用の特急型電車等が見える金沢総合車両所運用検修センターが車窓を流れて行く。その向こうには北陸新幹線の高架橋が続く。七尾線が分かれる津幡を過ぎると、東側へ大きく曲がって石川、富山県を隔てる倶利伽羅峠へ向かう。北陸新幹線を潜って北陸道沿いの山間部を進む。倶利伽羅駅は峠の石川県方にある。津幡～石動間の開業時には信号所として開設された。駅名がJR時代は倶利伽羅の「く」は「倶」が充てられていたが、IRいしかわ鉄道となってからは「俱」の字が表記に用いられている。峠へ向かうと九折地区付近で倶利伽羅トンネルへ入り、暗闇の中で県境を越える。全長2,467メートルのトンネルを抜けると、上下線が若干離れてS字状の大きな曲線を描く。この付近には本線が単線であった時代に安楽寺信号場が設置されていた。1962（昭和37）年に複線化が完成し、トンネルを含む新線で通行の便は向上した。現在では北陸新幹線との交差区間に当たるが、新幹線が地下部分を通っているので姿を見ることはできない。石動駅近くになって南側の車窓に防音壁で被われた高架橋が顔を出す。この辺りで北陸新幹線、旧北陸本線、北陸道と新旧の交通路が並ぶ。

　難読駅の１つ石動（いするぎ）を過ぎると、小矢部から高岡市に至る田園地帯を軽やかに駆け抜ける。2018（平成30）年に開業した高岡やぶなみ駅を通り、市街地を走ると県西部における中核都市の玄関口、高岡駅に到着する。JR城端線と氷見線の起点であり、ホームの近くに車庫が建つ構内は、古き時代のターミナル駅を彷彿とさせる雰囲気を湛えている。また、駅前には路面軌道万葉線の停留場がある。

　高岡から富山へは19キロメートル弱の道のりだ。途中で新幹線と絡みつつ、呉羽山の麓を通る。河川敷が広々とした緑地帯になっている神通川を渡ると、前方に富山駅の構内が見えてくる。

地上ホーム時代の金沢駅には、福井方が行き止まりとなった0A、0Bホームがあった。北陸本線が電化された後も長らく非電化のまま残り、主に七尾線の列車が発着していた。キハ53は機関を２基搭載した急勾配区間用の気動車だ。
◎1982年７月８日　撮影：長門朗

金沢へEF70を引き連れてやって来たDD50。電化区間での訓練運転だろうか。黎明期の本線用ディーゼル機関車は1966(昭和41)年当時、富山機関区の所属だった。昭和40年代に入ると富山以北の電化が推進された。◎1966年9月2日　撮影：伊藤威信(RGG)

金沢駅に到着した寝台特急「北陸」。1975(昭和50)年3月10日のダイヤ改正で、それまで夜行急行であった「北陸」を寝台特急化した。1978年に使用する客車が20系から14系になった。◎1975年　撮影：荒川好夫(RGG)

金沢駅で並んだキハ82系の特急「ひだ」と急行型電車。1968(昭和43)年10月1日のダイヤ改正で、名古屋〜金沢間を東海道、高山、北陸本線経由で結ぶ特急として登場した。「白鳥」と共に、北陸路を駆け抜けた気動車特急である。◎1975年5月16日　撮影：荒川好夫(RGG)

I 部 ▶ 北陸本線

金沢〜呉羽

石川県下の拠点駅金沢。民営化から4年を経た1990（平成2）年の姿だ。駅ビルは第2次世界大戦後に建て替えられたものが使われているが、構内は高架化工事の最中で、様変わりを遂げつつあった時期である。◎1990年12月10日　撮影：安田就視

I部▶北陸本線

金沢駅ホームで紙袋や大きな鞄を携えた学生達は修学旅行の最中だろうか。5月とはいえ初夏の日差しは強く、白い半袖シャツが目立つ。折しも「雷鳥」が到着。歴史と観光の街、金沢らしい駅の風景だ。
◎1984年6月　撮影：安田就視

金沢〜呉羽

I 部 ▶ 北陸本線

金沢～呉羽

車庫や検修庫が建ち並ぶ金沢運転所(現・金沢総合車両所)の傍らを485系の「しらさぎ」が駆け抜けて行く。蒸気機関車の一大基地だった機関区は、北陸本線の富山電化を機に電車、気動車、客車も所属する運転所と組織を変更した。
◎1990年12月　撮影：安田就視

白地に青の三色塗装を施された485系が「雷鳥」として倶利伽羅〜津幡間を行く。この塗装は「いなほ」「北越」等を受け持つ上沼垂車両区所属の特急用車両が纏った。「雷鳥」にも運用されることがあった。◎1990年9月　撮影：安田就視

金沢～呉羽

ゴールデンウイーク中に田植えが終盤を迎えた津幡界隈。水の世界となった田園地帯の向うを新鋭681系が高速で通り過ぎて行った。「サンダーバード」という列車名が誕生する1年前の1994（平成6）年に撮影。◎森本～津幡　1994年5月1日　撮影：安田就視

I部 ▶ 北陸本線

上野～金沢間を結んでいた寝台特急「北陸」。高崎から上越線を経由して、宮内より北陸本線に入っていた。1975（昭和50）年3月のダイヤ改正時に、季節夜行急行1往復を特急に格上げして、金沢発着のブルートレインが誕生した。◎倶利伽羅～津幡

津幡から倶利伽羅峠を目指す北陸本線の沿線は左右に木立が迫り、それまでの市街地から山間部の様相を呈してくる。津幡川と旧街道が、倶利伽羅トンネル付近まで寄り添うように続く。◎1986年12月　撮影：安田就視

急行塗装の475系が倶利伽羅駅に差し掛かる。列車の種別を示す札が入っていないので普通列車だろうか。ヘッドマークの中は白地で、前面扉上の方向幕は埋められている。急行の斜陽化を示唆する情景だ。◎1982年8月21日　撮影：安田就視

倶利伽羅駅に入線する475系の普通列車。車両の両端部にある2枚扉が元は急行型電車であった経歴を窺わせる。後部の2両は急行塗装のままで、塗色変更過渡期のひとコマである。◎1986年12月　撮影：安田就視

金沢〜呉羽

倶利伽羅駅の木造駅舎。第三セクター鉄道のIRいしかわ鉄道、あいの風とやま鉄道の駅となった現在もその形を留めている。駅名の由来となった古刹、倶利迦羅不動寺とは3キロメートル余り離れている。◎1990年9月　撮影：安田就視

地方都市路線でのサービス向上策として、短編成の列車を等時間隔で運転するネットダイヤを組み増発を行った。1984（昭和59）年に広島地区で導入し、翌年には札幌、金沢、北九州地区でも実施した。「TOWNトレイン」は北陸地区の列車に付けられた愛称。◎倶利伽羅駅　1990年9月　撮影：安田就視

I 部 ▶ 北陸本線

特急「かがやき」。金沢〜長岡間に1988（昭和63）年から1997（平成9）年まで運転された。「北越」の速達版という位置づけで高岡、富山、魚津（一部）、直江津と主要駅のみに停車した。
◎倶利伽羅〜津幡　1990年9月　撮影：安田就視

高岡駅の北口側に建っていた大屋根が凛々しい木造駅舎。北陸本線の他、中越鉄道が開業した氷見線と城端線。更には駅前に加越能鉄道（現・万葉線）が乗り入れる地域拠点の象徴的存在だった。◎1962年5月28日　撮影：荻原二郎

1989（平成元）年より、従来の「雷鳥」編成にパノラマ型グリーン車と半室グリーン車のラウンジカーを組み込んだ「スーパー雷鳥」を運転した。外観塗装は白地に青、赤の線を入れた独自の仕様になった。◎松任〜加賀笠間　1992年6月　撮影：安田就視

福岡駅は富山県高岡市内が所在地。北九州を連想する方がおられるかも知れないが、他の文字を入れない純粋の「福岡」は、鉄道駅として全国で当駅だけである。駅前にボーイスカウトの子ども達が集まっていた。◎1982年8月21日　撮影：安田就視

昭和30年代末期に高岡駅を民衆駅として、駅舎を商業施設等が入ったビルへ建て替える案が浮上。1969（昭和44）年に「高岡ステーションビル」が開業した。同時に「高岡駅前地下街」も開業し街並みが大きく変わり始めた。◎1967年5月23日　撮影：荻原二郎

I 部▶北陸本線

高岡駅は城端線、氷見線の起点である。昭和50年代の末期まで、両路線には客車列車が設定されていた。無煙化後、列車の先頭にはDE10が立った。隣のホームにはラッセルヘッドを外したDD15が貨物列車を率いて待機している。◎1984年3月6日　撮影：長門 朗

「スーパー雷鳥」の編成を普通車の制御車側から見る。1989(平成元)年にパノラマグリーン車を連結して登場した特急は、従来の国鉄特急色から、白を基調とした専用の塗装へ編成ごと変更された。◎越中大門〜小杉 1990年9月 撮影:安田就視

Ⅰ部 ▶ 北陸本線
富山〜直江津

親不知の景勝はトンネルの向う側

　北陸本線であった時代には、東西からやって来る特急列車で賑わった富山駅。北陸新幹線の開業後は、高山本線からの「ひだ」が通常姿を見せる唯一のJR特急となった。しかし、当駅には富山地方鉄道本線の駅、市内電車、ライトレールの停留場が隣接し、都市交通の要であることに変わりはない。

　富山の市街地からは、標高3,015メートルの立山を筆頭にした連峰を望むことができる。あいの風とやま鉄道線では、水橋駅を過ぎて白岩川岸への築堤に差し掛かった辺りで、前方に冠雪した連山が姿を現す。列車が魚津へ向かう中で北寄りに進路を取ると、山容は車窓の東側に移る。同時に新幹線の高架が視野に入るのが、今様な北陸路の眺めである。

　魚津から入善にかけては、チューリップの球根栽培が盛んだ。例年4月中旬には、車窓越しに畑一面に咲く花を愛でることができる。背景には立山連峰が布引く。チューリップは開花から程なくして、花を摘まれてしまうのが常だ。絶景との出会いを実現させるには、訪れる時期を吟味して旅の計画を立てたい。

　黒部付近では魚津で連絡した富山地方鉄道本線を潜る。北アルプス山中から湧き出て日本海へ注ぐ黒部川を渡って入善。小川を渡って泊に至る。富山、直江津の両駅と当駅の間には、区間列車が多く運転されており、運用上は2つの第三セクター鉄道を隔てる境界となっている。泊で乗り換えたえちごトキめき鉄道の車両は単行の気動車だ。旧街道時代の難所、親不知への入り口となる市振は2つ目の駅だ。当初があいの風とやま鉄道線と、えちごトキめき鉄道日本海ひすいラインの境界である。荒波が打ち寄せる親不知海岸をかすめる青海までの鉄路は現在、路線改良で多くがトンネル区間となっている。

　ヒスイが採取されることで知られる姫川を渡り、新幹線駅があり大糸線が分かれる糸魚川に着く。糸魚川から直江津に向かう路は、昭和40年代半ばに経路変更で建設された新線である。その多くが海岸線寄りも若干内陸部に入り、トンネルで結ばれている。能生付近など、かつて海岸線沿いにあった路線の跡は、自転車道等となって姿を留めている。国道8号線を挟んで日本海を望む谷浜から、湯殿山をトンネルで抜けると上越市の市街地へ出る。終点直江津は隣の高田市と合併する前の市名。北前船が運航していた時代からの港町であると同時に、北陸本線と信越本線が接する、鉄道網の拠点であった町だ。

出入口がアーチ状になった機関庫が印象的な富山機関区。雪が残る構内にD51とC57が肩を並べていた。両機共、積雪への対策としてラッセル車の先端部分に似た形状のスノープラウを装着している。◎1965年2月　撮影：中西進一郎

富山駅の駅ビルは1952（昭和27）年の竣工。2階部分に百貨店、3階には物産観光陳列場が開設された。写真が撮影された昭和50年代には、駅前に駐車場やタクシー乗り場が整備されていた。◎1982年8月21日　撮影：安田就視

富山駅に入線する特急「白山」。途中の信越本線横川～軽井沢間ではEF63を補機として高崎方に連結した。さらに列車は直江津で進行方向を変える。そのため、連結器カバーが被せられているのは北陸本線内で直江津寄りの制御車に限られた。◎1984年6月　撮影：安田就視

I部 ▶ 北陸本線

1966（昭和41）年の富山駅構内。雪が降る中、テールランプを付けたダブルルーフの旧型客車にC11が連結されようとしている。これから客車区へ回送するのだろうか。構内は既に電化されている。◎1966年1月　撮影：安田就視

雪の日の富山駅。客車列車を牽引するEF70が発車を待っている。33号機は金沢〜富山間の電化開業に伴い、1964（昭和39）年に増備された日立製作所製。列車の編成はスハ43系等、かつては急行等に用いられた青い客車が主体だ。◎1984年3月6日　撮影：長門 朗

降りしきる雪は一向に止む気配を見せない。夜間の富山駅構内で除雪機器を備えたモーターカーが列車の運転を確保すべく、線路上に積もった雪と格闘していた。ラッセル、ロータリー車両方の機能を搭載する。◎1984年1月12日　撮影：小野純一（RGG）

富山駅に客車列車が入って来た。ホームの先端部近くには職員用の通路が線路を跨いでいる。ホーム上屋の梁には「雷鳥」「しらさぎ」等、優等列車の乗車位置が掛かり、拠点駅であることを示しているかのようだ。◎1982年3月10日　撮影：長門 朗

I部 ▶ 北陸本線

C51 201号機。名古屋機関区所属の第二次世界大戦前には、お召列車の牽引機に指定されていた。1948（昭和23）年に富山機関区へ転属し、1959年まで北陸本線で活躍した。◎1959年3月　撮影：中西進一郎

富山機関区で転車台に乗るD51 876号機。煙突には沿線火災等を防止する目的で、皿のような形状の回転式火の粉止めを装着している。除煙板は先端部に斜めの欠き取りがない、D51としては珍しいタイプだ。◎1959年2月　撮影：中西進一郎

富山～直江津

扇形庫の脇に敷かれた側線で休むD51 169号機。煙突と前照灯の間に収まる給水温め器は2本のモールで装飾されている。昭和20～30年代を北陸路で過ごし、電化の進展に伴い1964年に奥羽本線の大館機関区へ転出した。◎富山機関区　1957年4月　撮影：中西進一郎

Ⅰ部▶北陸本線

富山〜直江津

東富山〜水橋間で常願寺川を渡る419系。客車が多かった北陸本線の普通列車を電車化する目的で581系や583系から改造した車両だ。編成両端部のクモハ419、クハ418は中間車から制御車に改造された。◎1990年9月　撮影：安田就視

1997(平成9)年の北越急行ほくほく線開業に伴い、上越新幹線に接続する在来線特急として「はくたか」を越後湯沢〜金沢、和倉温泉、福井間に運転した。時の新鋭車両681系に加え、更新化改造を受けた485系も充当された。
◎水橋〜東富山 1991年4月25日 撮影:安田就視

平野部とはいえ、冬の富山界隈は積雪に見舞われることが多い。2月半ばになり、降り続いた雪は一段落したのだろうか。黒々とした砂利が顔を覗かせた鉄路が雪原となった田園地帯にどこまでも続いていた。◎富山〜東富山 1981年2月19日 撮影:長門 朗

富山〜直江津

東富山駅のホームに停まる列車は、キハ55等の気動車が連なった4両編成だ。高山線高山駅を早朝に出て、富山から一駅区間のみ北陸本線へ乗り入れる列車が、昭和60年代始めまで定期で設定されていた。◎1981年2月19日　撮影：長門 朗

浜加積は富山地方鉄道本線の駅で滑川駅の隣にある。農家集落に建つ駅の北側を北陸本線が並行する。ススキが穂を伸ばし始め、秋の気配を感じさせる情景の中を、特急「白山」が疾走して行った。◎1990年9月27日　撮影：安田就視

I部▶北陸本線

富山〜直江津

チューリップが春の訪れを告げる魚津〜東滑川間を行く475系の急行。背後には布引の立山連峰が続く。交直流用の急行型電車は、グリーン車やビュッフェ合造車を除くと電動制御車か電動付随車、制御車の3両で基本編成を組んでいた。◎1983年4月24日　撮影：高木英二（RGG）

3両編成の419系が魚津〜滑川間の早月川を渡る。赤2号にクリーム色10号の帯を巻いたいで立ちは登場時の姿。交流区間であることが良く分かるとともに、青空にくっきりと映える塗装だった。◎1986年1月　撮影：安田就視

急行の任を解かれた455系が、急行電車色のままで普通運用に就いていた。3両の短編成だが、2枚ドアの間に客室窓が並ぶいで立ちには、塗装と相まって優等列車の気品が残っていた。◎魚津〜滑川　1986年6月　撮影：安田就視

富山～直江津

地方都市の拠点駅らしい、コンクリート造りの近代的な駅舎が建つ魚津。北陸本線時代は特急の停車駅だった。構内の海側に富山地方鉄道の新魚津駅が隣接する。両駅の出入り口は現在別々だ。◎1967年5月24日　撮影：荻原二郎

黒部～魚津間を行く419系。基本編成は電動制御車と電動車のユニットに制御車を加えた3両だった。民営化後はオイスターホワイトにライトコバルトブルーの帯を入れた、北陸地域色に塗装変更された。◎1990年9月　撮影：安田就視

I部▶北陸本線

駅舎の出入り口に横付けされたタクシーの姿が昭和40年代を物語る黒部駅。雨上がりの駅前は未だ未舗装だ。1969(昭和44)年まで、富山地方鉄道黒部支線の黒部駅が隣接し、乗換駅となっていた。◎1966年5月2日　撮影：荻原二郎

北陸本線用として最初の交流電気機関車だったED70は、電化の進展と共に運用を北へ延ばした。電化されて間もない黒部駅構内ではコンクリート柱の白さが際立つ。旧型客車で編成された普通列車が発車して行った。◎1965年2月　撮影：荻原二郎

チューリップは連作が利かないので、圃場は稲等と年毎に作物を変えて栽培される。この年は築堤下の農地に水が張られた。田植えが始まるまで、つかの間の水鏡が列車を映す。◎生地〜西入善　1991年4月29日　撮影：安田就視

越中宮崎〜市振間で境川を渡るのは特急「はくたか」。赤い塗り分けを施された681系は、北越急行所属の2000番台車だ。西日本の同系車とともに、ほくほく線内での時速160キロメートル運転に対応する仕様だった。◎2001年5月1日　撮影：安田就視

チューリップが絨毯を敷き詰めたかのように線路際を飾る4月の泊〜入善間。旧型客車は昭和50年代に入っても北陸路の急行、普通列車に使われていた。しかし、牽引機は交直流両用機のEF81が、交流機に代わって主役の座に就きつつあった。◎1983年4月24日　撮影：荒川好夫（RGG）

分厚い雲が空を覆う中、道路の下に難を逃れて列車を待った。線路が平野部を横切る黒部界隈で雪が降り続くことは少ない。ここ数日間の天候は落ち着き、畦道からは土が顔を覗かせている。急行「立山」がそそくさと駆けて行った。◎生地〜黒部　1982年2月12日　撮影：荒川好夫（RGG）

風波信号場〜市振間で、トンネルから顔を出したD50349号機。大正生まれの大型貨物機は、昭和30年代にはまだ全国の幹線、亜幹線で、その重厚な姿を見ることができた。化粧煙突が優美である。◎1963年7月21日　撮影：荒川好夫（RGG）

単線区間だった時代の市振〜親不知間。急峻な稜線が海に落ち込む険しい地形の中で、線路は山肌にへばりつくかのように敷設されていた。線路を覆う落石避けが設置され、急行列車は身をすぼめるようにして潜り抜けているようだ。◎1963年7月21日　撮影：荒川好夫（RGG）

能生騒動を想う

　日本海縦貫路線を走破した特急「白鳥」。「能生騒動」は当列車の運転開始時における挿話の一つとして知られる。運行ダイヤが組まれた際、当時単線区間が多かった北陸本線で、上り「白鳥」は列車交換のために能生駅で運転停車することとなった。客扱いを行わない停車は通常、時刻表等で公表されない。しかし、該当区間を管轄していた国鉄金沢鉄道管理局は客扱いを行うものと認識し、駅に掲出する時刻表へ能生駅の時刻を掲載してしまった。また、市販の一部時刻表にも、同様の時刻が記載された。一方、上部機関の国鉄本社や中部支局では、準急さえも停車の実績が無い小駅で特急が客扱いを行わないのは当然であり、停車は運用上の都合と認識していた。慣例意識の高さからか、金沢鉄道管理局への通達はされなかったという。

　特急停車の話に沸き立ったのが沿線自治体の能生町（現・糸魚川市）だ。運転初日には祝賀式典が計画された。1961（昭和36）年10月1日のダイヤ改正当日。真新しいキハ82系気動車の「白鳥」は確かに能生のホームに停まった。この日のために選出した「ミス能生」から運転士へ花束が贈呈された。しかし予定通り客室ドアは開かず、対向列車が到着すると新鋭特急は何事もなかったかのように駅を離れた。

　今日、事象を振り返ると管理局や自治体は運転が開始されるまでに、「白鳥」の能生停車が運転停車であることに気付く機会はあったのではないかという疑問が頭をもたげる。能生町が駅構内で式典を計画した際、国鉄側に開催の打診、申請があったと思われる。その時点で運転停車を祝うことを、不審に思う関係者はいなかったのだろうか。また、運転初日の「白鳥」から能生駅で下車を予定していた乗客が2名いたと伝えられる。能生駅での「停車」がそれほどまでに利用者に熟知されていたということか。式典を行うほどの停車時間であれば、お客を乗務員扉から降ろすといった例外的措置を考える余裕は乗務員になかったのか。全ては金沢局の「思い込み」が発端となった騒動だが、大らかだった時代背景とともに杓子定規な旧国鉄のお役所的体質を感じさせる。

　「白鳥」は以降、能生駅で客扱いを行うことはなかった。しかし1980年代に入って特急「北越」が、当駅に1往復停車することとなった。列車の利用者が乗降できる通常の停車は、北陸本線の特急体系が見直される2000年代まで続いた。また騒動から歳月を経て長距離列車の運用分離等が進む中で、「白鳥」は2001（平成13）年に北陸路を去った。北陸新幹線の延伸開業により、今では能生駅を通過する特急さえもない。

大型のヘッドライトを装備した、初期型のクモハ455を先頭にした普通列車がやって来た。次位に続く車両も2扉の元・急行型だ。方向幕部分を埋められ、塗装を変更ながらも古巣の北陸路で活躍した。◎市振〜親不知　撮影：安田就視

I部▶北陸本線

市振～親不知間を行く455系の急行「立山」。編成の前後にヘッドマークを掲げ、グリーン車を組み込んだ長編成は、国鉄全盛期の優等列車を彷彿とさせる。写真奥には、親不知付近に建つ高速道路の高架橋が見える。◎1979年2月20日　撮影：安田就視

交直流両用電気機関車のEF81は、昭和50年代も末になると北陸本線全区間を席巻するまでに勢力を伸ばしていた。国鉄時代の塗装は、交直流両用車が標準としていた赤13号（ローズピンク）。私有の黒いホッパ車を従えた姿は1986（昭和61）年の撮影だ。◎青海～糸魚川　1986年6月　撮影：安田就視

周囲の山々が未だ冠雪している春の姫川。485系の特急「はくたか」が甲高いジョイント音を響かせながら通過して行った。運転席の下に翼をデザインしたマークを貼った専用車両だ。◎糸魚川〜青海　2001年5月1日　撮影：安田就視

サッシ窓が並ぶ鉄筋コンクリート造りの糸魚川駅舎。1957（昭和32）年に竣工した3代目だ。写真が撮影されたのは1965年で壁面等に汚れが目立ち、武骨な雰囲気を漂わせている。2階の端部に時計がはめ込まれている。◎1965年6月20日　撮影：荻原二郎

1982（昭和57）年の糸魚川駅前。1957年に竣工した駅舎が健在だ。壁面には地元の祭りを知らせる広告や、団体列車の参加者を募る横断幕がある。国鉄時代にも多様な増収策が繰り広げられていた記録だ。◎1982年7月30日　撮影：安田就視

富山～直江津

糸魚川駅構内の外れに停車するC56125号機。除煙板を支えるステーは、大きな弧を描く個性的な形状だ。同機は糸魚川区の配置で、昭和30～40年代にかけて入替専用機として使用された。◎1964年3月　撮影：中西進一郎

旧糸魚川機関区構内にあった煉瓦車庫。車両基地に所属する機関車等の配置が無くなった後は、大糸線用のディーゼル機関車、気動車等が寝庫としていた。現在は出入り口付近のアーチ部分が糸魚川駅舎に一部として保存されている。◎1981年2月17日　撮影：長門 朗

I部▶北陸本線

夏草が線路の両脇に茂る浦本〜能生間を行くD51247号機牽引の貨物列車。昭和30年代から40年代にかけて富山以北で活躍した機関車で、前から見ると取り付け位置が左右非対称な敦賀式の集煙装置を装備していた。◎1969年7月19日　撮影：長門 朗

D51牽引の旅客列車が木浦（このうら）信号場付近を行く。浦本〜能生間に設置されていた列車交換施設だった。能生周辺が複線の新線区間となった1969（昭和44）年9月22日に廃止された。◎1969年7月19日　撮影：長門 朗

現在の場所に移転する約3か月前の能生駅に入って来たD51牽引の旅客列車。糸魚川〜直江津間の直流電化、複線化の完成で、糸魚川機関区所属のD51をはじめとした蒸気機関車の多くが北陸路を去った。◎1969年7月19日　撮影：長門 朗

D51が牽引する旅客列車が名立駅に停車していた。ホーム上に人影が見える中で、煙突から高々と上がる黒煙は発車時刻が迫っていることを伝える。1967(昭和42)年当時の776号機は糸魚川区の所属だった。◎1969年7月19日　撮影：長門 朗

有間川はトンネルに挟まれた日本海にほど近い小駅だ。第二次世界大戦後の1946(昭和21)年に仮乗降場として開設され、翌年に駅へ昇格した。北陸本線の複線電化時に施行された合理化に伴い、1970年に無人駅となった。◎1990年10月　撮影：安田就視

親不知子不知

　新潟県糸魚川市の西端部で、北アルプスの稜線が日本海に落ち込む親不知子不知海岸。海岸線に崖が連なる地形は、古くから交通の難所として知られていた。当地に鉄道が開業したのは1912（大正元）年10月15日。泊〜青海間23.34キロメートルが延伸開業し、海辺に市振、親不知、青海の各駅が新設された。親不知駅のある歌地区から市振方を親不知、青海方を子不知と呼ぶ。海岸近くに敷設された線路は海側に露出した区間が多く、行く手を海にせり出した岸壁が阻むとトンネルで打ち抜いていた。トンネルは9キロメートル足らずの市振〜親不知間に6か所あった。絶壁へへばりつく様に進む列車から眺める景色は青松越しに紫紺の海を仰ぐ絶景だった。

　しかし、当地は中央構造線近く特有の脆い地質と、風雪に晒される周辺環境が災いし、地滑り等の災害が懸念される地域でもある。そのため、親不知駅の両側に現行路線よりも山側へ長大トンネルを建設する新線が計画された。工事は昭和30年代から始まり、1965（昭和40）年から翌年にかけて新線への切り替えが行われた。それと同時に複線化が進展。従来までの単線区間と複線区間の接点に信号場を開設して、複線化が完了するまで交通の要とした。

　また、長いトンネル区間を通過する列車の牽引を、蒸気機関車やディーゼル機関車に任せる訳にはいかない。新トンネルの開通とともに泊〜糸魚川間が1965年9月30日に交流電化された。今日、親不知付近には海上に北陸自動車道の高架橋が張り出し、風光明媚だったかつての車窓を偲ぶことはできない。安全と引き換えに北陸本線は、その姿を山懐へと隠した。

有間川〜谷浜間で桑取川を渡る419系の普通列車。背景には日本海の水平線が広がる。糸魚川〜直江津間は北陸本線の中で運転密度が低く、普通列車は1〜2時間に1本程度の運転である。◎1990年10月　撮影：安田就視

Ⅰ部 ▶ 北陸本線

富山～直江津

有間川地区で東側の丘に造られたたにはま公園付近からは北陸本線と家並み、日本海を一望することができる。民営化後にやって来る昼行特急は「はくたか」と「北越」。国鉄特急塗装の編成が充てられることもあった。◎有間川～谷浜　1990年10月23日　撮影：安田就視

I部▶北陸本線

山小屋を彷彿とさせる、大きな三角屋根が象徴的だった直江津駅舎。1940（昭和15）年に竣工した3代目だ。橋上駅舎化工事が始まった1998（平成10）年9月30日まで、半世紀以上に亘って使われた。◎1966年5月2日　撮影：荻原二郎

直江津機関区に憩うD51とDF50形ディーゼル機関車。DF50は1957（昭和32）年から製造された本格的な本線用機関車だった。山間部、トンネル区間が多い北陸本線に投入され、急行「日本海」等を牽引した。◎1962年8月　撮影：中西進一郎

富山～直江津

大規模な扇形庫がある直江津機関区内のD50363号機。松本区に配置されていた期間が長かった同機は、1964(昭和39)年に直江津へ転属し、最期の1年を北陸本線で活躍した。蒸気溜めと砂箱の間に重油タンクを載せていた。
◎1965年2月 撮影：中西進一郎

1959年当時の市振～親不知間の地形図。多くの区間で海岸線近くまで張り出した位置に、線路が敷設されている様子を窺い知ることができる。市振、親不知の両駅付近は、並行する国道8号線よりも海側を鉄道が走る。そして断崖絶壁の中をソロソロと進む先ケ鼻から竹ヶ鼻にかけては短いトンネルが続く。鼻という名称は岬部分に付けられることが多いが、線路の西側に広がる日本海は入り江等を介さない外洋であり、冬ともなれば北西風に乗った波しぶきが線路の近くまで打ち寄せていた。現在はごく一部を除いて、ほとんどがトンネル区間となっている。さらに山側には北陸新幹線が通る。こちらも親不知駅付近の歌川、外波川界隈を除いてトンネル区間が続く。

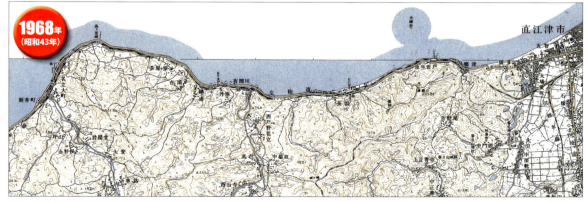

名立から北陸本線の終点直江津へ至る区間の地形図は1968年に測量されたもの。線路は国道8号線と並行して海岸線をなぞっている。周囲は親不知よりも開けた雰囲気だ。しかし、線路の南側には見上げるような緑の稜線が迫る。1969年に新線が開業し、様変わりを遂げたのは浦本～有間川間と谷浜～直江津間。いずれも山中を直線的に掘り進んだ新トンネルの完成で駅間距離は短縮された。新線の開業に伴い能生、筒石、名立の各駅が移転した。また、谷浜～直江津間にあった郷津駅は廃止された。同駅間の複線電化開業で、北陸本線全線の複線電化が達成された。糸魚川から直江津に至る旧線区間は現在、多くが自転車道となって姿を留めている。

急行が主力だった北陸路

　1963（昭和38）年10月当時の北陸本線時刻表。大阪から5本の夜行列車が設定されている。そのうち、発駅を最も遅く出る505列車は富山行きの急行で、後に特急の名前となる「つるぎ」を名乗っていた。

　「白鳥」は1961年に登場した日本海縦貫線を走破する特急。運転開始から2年を経て、なお北陸本線唯一の特急だった。8時15分に大阪を出発。当日の23時47分に青森に到着する時刻設定。途中、列車は直江津で2分割され、上野行きの列車は終点へ20時20分に到着した。全車両が指定席で、食堂車を連結した豪華列車だ。キハ82系を充当して、地方幹線に新しい特急列車が設定された時代だったが、未だ特急は文字通り特別な存在だった。優等列車の主流は急行や準急だった。昼行列車として「ゆのくに」「立山」「きたぐに」等、後年まで北陸路で親しまれた列車名が頁を飾る。当時の電化区間は金沢までで、非電化区間へ乗り入れる列車は、気動車や客車が担当していた。田村〜敦賀〜福井〜金沢間に亘る主要ルートが電化されてはいたものの、471系等の交直流両用電車は路線内で少々珍しい存在だった。

　米原方面から金沢、富山行きの列車が目立つ中、金沢もまた上野等、東へ向かう列車の起点となっていた。昼行列車の急行「白山」は信越本線経由、夜行急行「北陸」は上越線経由の上野行きだ。また、気動車急行の「加越」は、富山から高山本線へ入る名古屋行きの列車だった。いずれも昭和40〜50年代にかけて特急に用いられるようになる列車名だ。

　普通列車の大部分には、依然として旧型客車が用いられていた。列車には優等列車以上に異なる行先の長距離便が何本もあった。大阪、米原を起点に新津、長野行きが見られる。それらの行程が記載された時刻を今日なぞると、旅客の需要に応じた列車というよりは、運用の都合を重んじて車両基地の最寄り駅へ車両を移動させるための列車のようにも見える。

北陸本線の「旧線」であった柳ケ瀬線の時刻表。

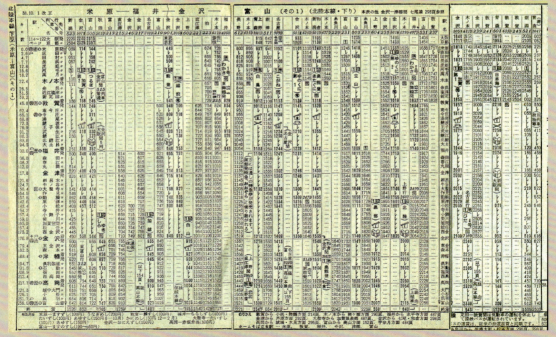

優等列車が並ぶ北陸本線の時刻表（1963年10月1日改正）。

Ⅱ部
沿線の国鉄・JR路線

多くの支線が北陸本線の主要駅から分岐する。深山の懐や海辺に建つ小さな終点駅。人々は普通列車に乗り本線沿線の大きな街へ出た。どれもが暮らしに欠かせない鉄路だった。

◎能登線穴水駅　1984年1月31日　撮影：安田就視

II部 ▶ 沿線の国鉄・JR路線
東海道本線

移りゆく米原界隈の列車

　北陸本線が起点米原で連絡する日本一の主要幹線。1964（昭和39）年に東海道新幹線が開業するまでは、東京と東海道、山陽、九州の各都市を結ぶ優等列車が昼夜を問わずに往来していた。現在の米原は、新幹線と在来2幹線の連絡駅という重責を担う。当駅は官設鉄道の関ケ原〜馬場（現・膳所）間および米原〜長浜間の開業に伴い、両路線の接続駅として1889（明治22）年に開業した。当初、長浜までの路線は東海道線の支線扱いだった。

　時は流れ、昭和30年代に入ると両路線の電化工事が進んだ。しかし、東海道本線は直流、北陸本線の大部分は交流で電化された。米原〜田村間は、交直流が接する緩衝地帯として非電化で残されていた。しかし、1962（昭和37）年に同区間は直流電化された。それに伴い、田村駅の米原方に無通電区間（デッドセクション）を設置した。

　1975年3月のダイヤ改正で、多くの北陸方面と関西を結ぶ優等列車が、経路を前年に開業していた湖西線へ移した。急行「きたぐに」等、一部の列車は米原回りのまま残ったが、当駅に停車する優等列車は名古屋発着の「しらさぎ」が主体となり、日中に在来線の構内は閑散とする時間帯が増えた。しかし民営化と前後して、長浜等の北陸本線沿線住民から、東海道本線の列車に乗り継ぐ利便性の向上を求める声が高まる。

　その結果、田村〜長浜間が1991（平成3）年に直流電化へ転換された。同時に関西の主要駅を始発終点とする「新快速」等が北陸本線へ乗り入れ、列車本数と所要時間は大幅に向上した。また直流化の実績を踏まえ、長浜〜敦賀間と湖西線永原〜近江塩津間が2006年に直流電化区間となった。今日では新快速用のクロスシート車が北陸本線で日常の生活列車となり、米原口に活気をもたらしている。

米原付近を快走する下り「第1こだま」。1958（昭和33）年11月1日から運転を開始したビジネス特急「こだま」は斬新かつデラックスな設備と高速性が人気を博した。使用された151系電車は国鉄を代表する車両としての地位を確立した。◎1963年1月16日　撮影：野口昭雄

湖西線

特急が往来する新北国街道

　東海道本線山科と北陸本線近江塩津を結ぶ湖西線。米原経由で運転していた関西と北陸方面を行き交う列車の短絡路として、1974(昭和49)年に開業した。琵琶湖の西岸に建設された路線は、特急等の高速運転を主眼において設計された。そのため高架橋やトンネルで直線的に進む区間が多く、路線内に踏切はない。開業後は特急「雷鳥」を始め、多くの列車が当路線を経由するようになった。

　北陸本線と接続する近江塩津へ、下り列車は南側から高い高架橋を渡って進入する。関西方面から運転される「新快速」は敦賀行きとして、当駅から北陸本線へ乗り入れる。但し、主に優等列車が通過する湖西線の下り本線に面するホームは設置されていない。

　2006(平成18)年に永原〜近江塩津間の電化方式が交流から直流化されるまでは、同駅間を通る城山トンネルの近江塩津方に交直セクションがあった。交直流区間が混在していた時代には、1991年まで近江今津〜近江塩津〜敦賀間の区間列車には気動車が充当されていた。敦賀から京都・大阪・神戸等、関西の大都市へ直通する列車の運用形態は、琵琶湖周辺の時間地図を縮小し、沿線の利用者に大きな利便性をもたらした。

京都側から湖西線に入って最初の駅が西大津。東海道本線から乗り入れて来た117系の「新快速」が高架ホームに停車する。当駅は湖西線の開業時に西大津駅として開業し、2008(平成20)年に大津京駅と改称した。◎1985年6月　撮影：安田就視

高架橋が続く湖西線を113系の普通列車が走り抜けた。沿線には緑濃い田園が続き、近代的な鉄路とは対照的な表情を見せる。背景に広がる琵琶湖は車窓からも望むことができ、旅行客に涼をもたらす。◎比良〜志賀　1979年7月9日　撮影：安田就視

Ⅱ部 ▶ 沿線の国鉄・JR路線

小浜線

長距離列車の経由路だった若狭路

　若狭湾の沿岸部を通り、敦賀と舞鶴線の東舞鶴を結ぶ地方交通線。東美浜、勢浜付近等では、車窓から海を望むことができる。総延長距離84.3キロメートル区間のうち、敦賀口となる十村までが1917（大正6）年に開業し、約5年間をかけて全通した。

　全国に急行、準急網が展開されていた時代には、京都と福井・金沢を結ぶ急行「わかさ」をはじめ、当線が中京圏、北陸と山陰地方を結ぶ列車の経路となっていた。急行「大社」は1966（昭和41）年に登場した。運転区間は名古屋〜出雲市間で東海道、北陸本線を経由して敦賀へ向かい、小浜線に入って舞鶴・宮津、山陰本線と結ぶ経路だった。敦賀では金沢からの急行「あさしお」を併結した。間に関西地方を挟み、一見して直通運転とは縁がなさそうな中京圏と山陰が、日本海側の地方路線を繋ぐことにより、1本の列車で結ばれていた。北陸本線に特急「しらさぎ」が運転されているのと同様に、旧国鉄時代には中京地方と小浜線の繋がりも、また浅からぬものであった。海水浴シーズンには名古屋〜東舞鶴間には急行「エメラルド」等の臨時列車が設定され、「内海よりもきれいな小浜の海へ」と言わんばかりに行楽客を誘っていた。

　長らく非電化路線だったが、2003（平成16）年に全区間が直流電化された。電化直後の多客期には特急「まいづる」1往復が東舞鶴方より小浜まで延長運転した。しかし、2008年以降は運転の実績がない。電化路線であるものの、単行の125系電車が里山や海辺を駆けて行く様子は今もって長閑だ。全線を通して走る列車は日中、1〜2時間に1往復の運転。敦賀〜小浜間には区間列車がある。

小浜線勢浜付近では築堤となった鉄道越しに、波穏やかな小浜湾の水面が広がる。小浜湾は内外海半島、大島半島が突堤となって若狭湾と区切られた天然の港湾である。キハ28と58の2両編成でキハ58のみが冷房化されているのは1980（昭和55）年の様子。◎小浜〜勢浜　1980年1月16日　撮影：安田就視

越美北線

潰えた山岳横断路線構想

　越前花堂と福井県東部の山中にある、鷲ダムの畔に建つ九頭竜湖駅を結ぶ閑散路線。建設当初は岐阜県境を越えて、高山本線の美濃太田に至る中部山岳横断鉄道の越美線として計画された。南福井、越前花堂〜勝原間の43.1キロメートル区間が開業したのは1960（昭和35）年だった。1972年には終点九頭竜湖までが開業した。それに対して岐阜県側に当たる越美南線（現・長良川鉄道越美南線）では、長良川上流の北濃に至る現有区間が第二次世界大戦前に完成していた。しかし今日まで、両路線は繋がっていない。全区間を通して運転する列車は区間列車を含む10往復中の4往復である。

　福井市の東部を行く路線は思いの外険しい。駅の周辺に戦国時代に越前国一帯を治めていた、朝倉氏の遺跡がある一乗谷から城下町大野に向かう鉄路は、山間部を縫って蛇行する。越前大野周辺は開けた田園地帯だ。しかし九頭竜川を渡り、小荒島岳の麓に差し掛かると行く手は再び山路になる。勝原を過ぎてすぐに長大なトンネルへ入る。5分ほどかけてトンネルを抜けると谷間の駅越前下山。さらに2つのトンネルを潜って終点の九頭竜湖に着く。

　全ての列車が起点越前花堂の隣駅である福井を起点終点としている。隣接する南福井は貨物駅だ。なお、越前花堂には北陸本線の特急が停車しない。そのため、敦賀方面から同駅を通過する列車に乗車し、福井駅で越美北線の列車に乗り換えて六条駅以遠まで乗車する場合には、越前花堂〜福井間の往復料金が加算されない特例措置がある。

福井市内の越前高田〜一乗谷の足羽川を渡るキハ52形。越美北線は現在「九頭竜線」の愛称が付されている。渓谷美を堪能できる景勝路線であるが、観光客の利用にはあまり結びついていない。◎1989年8月27日　撮影：牧野和人

Ⅱ部 ▶ 沿線の国鉄・JR路線

七尾線

能登半島を高級温泉街へ

　金沢近郊の津幡と能登半島の保養地・和倉温泉を結ぶ七尾線。1898（明治31）年に七尾鉄道が津幡仮停車場〜七尾〜矢田新（後の七尾港）駅間に開業した、52.3キロメートル区間が祖である。七尾港における荷物の集積、受け渡しを大きな目的の一つとして建設され、七尾鉄道は地元船主等の出資で設立された。1907年に国有化。以降も和倉、能登中島、穴水と延伸を重ねて、1935（昭和10）年に輪島までの区間が全通した。

　能登半島の主要な市町は東西の沿岸部に点在する。そのため、終点が輪島だった時代の七尾線は南北に延びる経路で、半島を二度にわたり横断する線形となっていた。西岸界隈で海辺を行く風景が印象的だが、半島の中央部には急勾配の丘陵越え、山越えが控えていた。1970年代から80年代にかけては、ディスカバージャパンキャンペーンが起爆剤となり、輪島等の観光ブームに乗って急行が多数設定された。1971年から73年までの3年間には、蒸気機関車牽引の臨時列車「ふるさと列車おくのと号」が運転された。

　民営化後は1991（平成3）年に津幡〜和倉温泉間が交流電化され、特急「スーパー雷鳥（のちのサンダーバード）」「しらさぎ」が乗り入れを開始。同時に和倉温泉〜輪島間が第三セクター鉄道のと鉄道へ経営を移管された。蒸気機関車の運転、急行「能登」の輪島延長等、観光鉄道色が再燃した時期があったものの、閑散区間であった穴水〜輪島間は2001年に廃止された。

　現在の終点和倉温泉には、金沢との間を運転する特急「能登かがり火」「花嫁のれん」が発着するほか、「サンダーバード」1往復が乗り入れている。

七尾線能登中島付近で熊木川を渡るキハ55。客室窓の上部のガラス部分が嵌め殺しとなった「バス窓」と呼ばれる仕様の初期型車だ。列車は急行で車体側面に号車番号、列車種別等の表示板が見える。◎能登中島〜西岸　1972年6月11日　撮影：安田就視

能登線

三セク化も消えた末端路線

　七尾線穴水と能登半島先端部の珠洲市にあった蛸島駅を結んでいた路線。能登半島を縦貫する鉄道の構想は古くからあり、1922（大正11）年に公布、施行された鉄道敷設法別表に「石川県穴水ヨリ宇出津ヲ経テ飯田ニ至ル鉄道」との記載がある。しかし、建設工事が始まったのは第二次世界大戦後で、1959（昭和34）年に穴水〜鵜川間が開業した。当時の延長距離22.9キロメートルは、蛸島に至る路線全体の約3分の1に相当する。以降、二度の延伸開業を経て1964年に全通する。

　しかし、蛸島開業から僅か4年後の1968年に、国鉄諮問委員会が「使命を終えた」とする赤字83路線に選定され、廃止の危機に直面した。民営化時には新生JR路線として踏み留まったが、翌年には廃止後の受け皿として設立された第三セクター会社、のと鉄道へ経営を移管した。3セク化以降も利用者の減少に歯止めが掛からない状況での運営は厳しく、2005（平成17）年に全線が廃止となった。

　能登半島の東岸を北上する経路から七尾線と同じく、海辺の鉄道という印象が強い。しかし、線路は沿岸部よりやや内陸側に敷設されている区間が多かった。トンネル区間が多い沿線は、近代土木技術が確立されていた、昭和30年代に建設された鉄道らしい。大小のトンネルは路線全体で49を数えた。最長は比良〜鹿波間の川尻トンネルで1,259メートルだった。

築堤上に設けられたホーム1面の無人駅にキハ58系で編成された列車がやって来た。能登川尻駅は飯田湾の海岸線にほど近い場所にあった。のと鉄道へ移譲された際に、近くを流れる川の名前に因み九里川尻駅と改称した。◎能登川尻　1986年6月18日　撮影：安田就視

Ⅱ部 ▶ 沿線の国鉄・JR路線
城端線

チューリップの里を行く

　高岡から砺波平野を南下して、三方山山系の麓に広がる城端へ至る城端線。北陸で最初に設立した私鉄の中越鉄道が、高岡で隣接する氷見線、新湊線と同様、明治期に開業した。1920（大正9）年に国有化され、伏木〜高岡〜城端間が中越線となった。第二次世界大戦中の1942（昭和17）年に伏木〜高岡間が氷見線へ編入され、高岡〜城端間を城端線と改称した。

　営業キロ29.9の沿線は田園地帯、砺波市等の市街地を通る。車窓からは富山県下の特徴ある集落形態である散居村を望むことができる。また、沿線では球根を採取するチューリップの栽培が盛んだ。例年4月中旬には線路近くに多くの花が咲いていることがままあり、赤や黄色等の鮮やかな絨毯が広がっているように見える。また、砺波市ではゴールデンウイーク期間中にチューリップフェアを開催。会場に色とりどりの花が香る。

　普段は沿線住民が通勤通学で利用する生活路線だ。その一方で近年になって、観光路線化にも力が注がれ始めた。専用車両を用いた臨時快速「ベル・モンターニュ・エ・メール」を2015（平成27）年から運転している。列車名はフランス語で城端、氷見線の車窓に展開する「美しい山と海」を意味する。

城端線の終点近くとなる越中山田〜城端間を行く客車列車。編成の2両目には郵便荷物合造車のオハユニ61が組み込まれている。早苗が揺れる水田に影を落として、のんびりと駆けて行った。◎越中山田〜城端　1981年5月15日　撮影：安田就視

キハ45、35等で編成された普通列車が雪の城端線を行く。両形式共、客室扉等に一般的な気動車とは異なる仕様を持つ車両だ。背景には当地特有の集落形態である散居村の木立が見える。◎砺波〜油田　1980年2月3日　撮影：安田就視

氷見線

富山湾越しに望む立山連峰

　高岡から義経伝説で知られる雨晴海岸を通り、富山湾岸の港町氷見に至る氷見線。高岡を中心に鉄道網を広げた中越鉄道が、1900（明治33）年に伏木～高岡間を開業。1912（大正元）年に氷見まで全通した。国有化時には伏木～高岡間を中越線、伏木以北を氷見軽便線と分けた。1922（大正11）年に氷見線と改称し、1942（昭和17）年に高岡～氷見間が氷見線となった。

　高岡市内から伏木へ至る区間で、車窓は市街地から工場地帯へと移っていく。能町付近では万葉線が国道とともにJR路線を跨ぐ。風景が一変するのは越中国分を発車した直後だ。短いトンネルを潜ると、列車は義経岩が出迎える雨晴海岸に出る。高岡方を振り返ると海の向こうに立山連峰がそびえる。数少ない冬の晴天時ともなれば、眼下の砂浜付近には日の出と雪山、有磯海の織り成す情景を撮影する写真家の姿が絶えない。山並みに目を奪われるうち雨晴に到着。松並木の間を縫って海の幸豊富な氷見を目指す。

　日中は1時間に1往復程度の運転頻度で、普通列車が運行している。また、高岡～能生町間には貨物列車1往復が設定されている。この列車は貨物専用の新湊線へ入る。加えて当線にも、観光列車の臨時快速「ベル・モンターニュ・エ・メール」が城端線新高岡発着で運転される。専用の気動車が快速として単行で入線するのは、城端線全線を通して運転する日とは別である。

富山湾内の有磯海沿いを行くのはキハ35等による気動車列車。地方路線であると共に、高岡市の近郊路線という性格を持ち合わせていた氷見線には、通勤型気動車が一般型車に混じり運転していた。◎越中国分～雨晴　1980年9月13日
撮影：安田就視

Ⅱ部 ▶ 沿線の国鉄・JR 路線

新湊線

高岡市内に残る貨物線

　氷見線能町と高岡貨物駅を結ぶ1.9キロメートルの貨物線。小矢部川河口付近の工業地帯を縫って走る。1918（大正7）年に中越鉄道が開業した能町〜新湊間3.4キロメートルが路線の始まり。翌々年に国有化されて新湊軽便線となり、1922年に軽便法廃止で新湊線と改称した。

　当初は旅客営業を行っていたが、並行路線の富山地方鉄道高岡軌道線（現・万葉線）に旅客輸送を委ねるかたちで1951（昭和26）年に旅客営業を廃止。民営化時にはJR貨物へ継承された。新湊駅は二度にわたり移設されており、2002（平成14）年に1.7キロメートル能町寄りに移転して高岡貨物駅と改称した。路線名は新湊線のままだが新湊市（現・射水市）内までの線路は廃止され、現在は全区間が高岡市内を走っている。

能町駅〜高岡貨物駅を走る列車。JR貨物では2018（平成30）年3月のダイヤ改正で、新湊線の貨物列車が定期2往復から臨時1往復に変更された。◎撮影：牧野和人

高山本線

飛騨への鉄路は厳しい山路

　富山で旧北陸本線のあいの風とやま鉄道、北陸新幹線と接続するJR高山本線。路線の始まりとなった飛越線が、富山〜越中八尾間に開業したのは1927（昭和2）年。明治期に富山界隈を含む、ほとんどの区間が開業していた北陸本線よりも後発の路線である。起点となる岐阜側からは大正時代より建設工事が始まり、年号が昭和となってからも毎年のように延伸開業が続いた。岐阜〜高山〜富山間が全通したのは、飛騨の小京都と呼ばれる高山を経由して、飛騨小坂〜坂上間57.8キロメートルが開業した1934（昭和9）年だった。

　富山より西方へ延びる線路は、神通川を渡ると越中八尾まで平野部を南下する。東八尾の先で神通川を3度渡る。長大なトラス橋の背後には、北アルプスの眺望が浮かぶ。笹津より先で左右に急峻な山が迫り、車窓は谷間の様相となる。途中、猪谷までがJR西日本の管内だ。猪谷以南はJR東海の管轄。県境を越えて岐阜県へ入ると、神通川から宮川と名を変えた渓流が生み出した深い谷を通って、高山方面へと鉄路は続く。

　富山口の普通列車は、猪谷までが運転区間である。全線非電化単線で沿線は人口の少ない地域が多い。そのため富山市の近郊ながら、その末端部となる越中八尾〜猪谷間での運転本数は少ない。正午を挟む日中の時間帯には上下列車共、3時間前後運転間隔が空く。その一方で途中に飛騨高山を抱える当線は、観光路線の性格も併せ持つ。特急「ひだ」が1時間ごとに風光明媚な渓谷沿いを行き交う。名古屋〜飛騨高山間の列車が主体だが、名古屋〜富山間に4往復が設定されている。

富山駅に停車する気動車は高山本線の列車だ。準急型と呼ばれたキハ55は、昭和50年代から朱色1色の首都圏気動車色に塗り替えられた。編成の中程に郵便荷物気動車の姿が見える。途中駅で編成が分割されるのだろうか。◎1981年8月26日　撮影：長門朗

Ⅱ部 ▶ 沿線の国鉄・JR路線

富山港線

路面電車で活路を開く買収路線

　現在は富山ライトレール富山港線として路面電車が走る軌道。しかし、かつてはJR西日本の電車が往来していた。富山駅から市内臨海部の岩瀬浜へ進む路線は、神通川の東岸を進む。大正期より、日本海へ注ぐ大河に隣接する運河工事が進捗を見せていたことに着目した富岩鉄道が、沿線の貨物輸送を担う目的で建設に乗り出した。1924(大正13)年に富山口〜岩瀬港(現・岩瀬浜)間が開業。当時は飛越線(現・高山本線)の富山駅乗り入れ工事等で、富山駅への乗り入れが叶わず、北陸本線の拠点駅から700メートル離れた地点に富山口駅を開業した。

　路線は1941(昭和16)年に富岩鉄道を傘下に収めていた富山電気鉄道(現・富山地方鉄道)へ譲渡されて富岩線となった。さらに第二次世界大戦下の1943(昭和18)年に、国の買収を受けて国有化された。同時に富山港線と改称した。

　私鉄時代より電化されていた経緯から、北陸本線が交流で電化されていく中で、長らく全線が直流600ボルトで運用されていた。1967年に1500ボルトへの昇圧が実施され、旧型国電の72系が入線した。その後、北陸路の電化進展に貢献した475系等の交直流型電車に置き換えられたものの、利用者の減少傾向は続いた。北陸新幹線の延伸開業が具体化したのを機に当線は、第三セクター方式の新会社富山ライトレールへ移管されることとなった。同時に線路を軌道化して、鉄道線車両よりも保守管理が容易な路面電車の導入を決定。2006(平成18)年に軌道線として再出発した。富山駅周辺から奥田中学校前に至る区間は、鉄道線時代から線路が付け替えられた区間で、道路上に軌道が敷設されている。しかし、線路脇に縁石が置かれて専用軌道となっている。また、架線電圧はライトレールの開業に当たり、1500ボルトから600ボルトに引き下げられた。

富山港線の終点岩瀬浜は駅名の通り、富山湾に面した海岸にほど近い。駅の東側には大小の工場が建ち並ぶ工業団地がある。上屋もない1面のホームは朝夕、通勤通学客でひと時賑わった。◎岩瀬浜　1973年9月1日　撮影：安田就視

大糸線

中央構造線へ切り込む山岳路線

　糸魚川と長野県中部の中核都市松本を結ぶ大糸線。松本周辺では信濃鉄道によって、大正期より鉄道建設が進められた。それに対して糸魚川口の鉄路が実現したのは昭和に入ってからで、1934（昭和9）年に糸魚川〜根知間10キロメートルが大糸北線として開業した。

　翌年に根知〜小滝間が延伸開業するも、全通までは小滝〜中土間が開業する1957年まで20年以上の歳月を要した。昭和初期の不景気傾向と第二次世界大戦への突入。さらには沿線を取り巻く厳しい地形が、鉄路建設の前に立ちはだかった。全通までに信濃鉄道、信濃大町以北の大糸南線は繋がり、1937年に信濃鉄道松本〜信濃大町間は国有化された。

　糸魚川駅には、2010（平成22）年まで大糸線で活躍したキハ52 156号車が保存展示されている。糸魚川発着の列車は平岩、南小谷間の運転だ。JR西日本所属のキハ120が運用に就く。普段は普通列車のみの運転だが、2017年にえちごトキめき鉄道のリゾート車両「えちごトキめきリゾート雪月花」が入線した実績を持つ。

　非電化単線の線路は、姫川の谷間を内陸部へ入る。小滝から中土にかけて、急峻な渓谷の中を断崖に張り付くようにして進む。活断層が続く脆い地質の沿線では、落石被いが設けられている区間が多い。また、それぞれの駅間では川にせり出した稜線部の下を抜けるために、長大なトンネルが掘られた。

　車窓からの展望が開けて一息つくと、JR東日本との境界である南小谷に到着する。南小谷より松本方は直流電化区間だ。普通列車はJR東日本の電車で運行する。また、新宿と中央本線、篠ノ井線経由で結ぶ特急「あずさ」が1往復、当駅まで乗り入れて来る。臨時列車では夜行快速「ムーンライト信州」、JR東海の特急「ワイドビューしなの」等が白馬まで乗り入れる。

姫川へ注ぐ沢に発電所が建つ大糸線小滝付近を行く普通列車。キハ55とキハ17の2両編成である。本来は準急型のキハ55が急行気動車色を纏い、キハ17は朱色一色の首都圏色に塗り替えられた昭和50年代の情景だ。◎小滝〜根知　1980年5月5日　撮影：安田就視

Ⅱ部 ▶ 沿線の国鉄・JR路線
信越本線

北陸本線の終点に絡む幹線

　旧国鉄時代には高崎から碓氷峠を越え、長野、直江津を経由して日本海沿いに新潟まで続いていた信越本線。北陸新幹線の長野開業で横川～軽井沢間が廃止されたのを機に、信濃路を蛇行する長大路線は分断された。長野～軽井沢間は第三セクター会社のしなの鉄道が管轄し、それまで頻繁に運転されていた在来線特急は「あさま」の列車名とともに、その任を新幹線へ譲った。新幹線の延伸は信越本線をさらに縮小させる。2015（平成27）年に長野～上越妙高～金沢間が延伸開業すると、長野～妙高高原間はしなの鉄道に移管されて北しなの線となった。同時に妙高高原～直江津間は新会社えちごトキめき鉄道へ移管され、妙高はねうまラインとなった。現在は群馬県下の高崎～横川間と直江津～長岡～新潟間がJR信越本線である。

　直江津から長野方面へ延びる鉄路は、官設鉄道の一部区間として建設が始められた。1886（明治19）年に関山までの区間が開業した。富山方面へ向けて建設された北陸本線より四半世紀も早く、歴史ある港町で鉄道が産声を上げた。また、北越鉄道が建設を進めた長岡方へ続く鉄路は、1907年に国有化された。国有鉄道線路名称が制定された折には高崎～長野～直江津～新潟間を信越線とした。さらに信越本線と改称したのは1914（大正3）年だった。

　今日、直江津界隈は北陸本線共々、第三セクター化されたが、信越本線と妙高はねうまラインの間では相互乗り入れを行っている。特急「しらゆき」は三セク区間の新井、上越妙高まで入線する。またJRの貨物列車は、旧北陸本線区間と信越本線を通して運転する。貨物輸送における直江津は、日本海縦貫線の中継地という性格を色濃く残している。

北陸本線との接点である直江津から柏崎にかけて、信越本線は日本海に沿った経路を辿る。海水浴場のある鯨波付近では海岸線が線路近くまで迫り、直流型、交直流型の電車、機関車が行き交う。青梅川～鯨波　1982.7.23　安田就視

三国線

陸海運の連携を目指した明治期

　北陸本線と日本海沿岸における主要な港湾の一つだった三国港を結ぶ鉄道として、1911（明治44）年に官設鉄道として開業した。当初の営業区間は金津（現・芦原温泉）〜三国までの8.7キロメートル。1913年に三国駅の構内扱いとして港近くまで線路を延長し、三国港荷取扱所を開設した。荷取扱所は翌年に三国港駅へ昇格した。1927（昭和2）年にそれまで季節営業だった三国〜三国港間の旅客業務を通年扱いとする。

　一方1929年に三国芦原電鉄（現・えちぜん鉄道三国芦原線）が、芦原（現・あわら湯のまち）〜三国間を福井から続く路線の延伸部分として開業した。後に第二次世界大戦が激化すると、私鉄との並行区間が多い三国線は不急不要路線とみなされ、1944年より運転を休止する。その間、京福電気鉄道の路線となっていた三国芦原線の列車が三国〜三国港間へ乗り入れた。戦後になって三国線の復活を唱える声が高まり、1946年に金津〜芦原間が営業を再開した。但し、京福電気鉄道との競合区間であった芦原〜三国港間は国鉄路線として休止のままだった。

　一方で沿線住民等は全区間の復活を強く望み、暫定措置として旧国鉄の列車が芦原から三国芦原線へ乗り入れることとなった。沿線周辺は芦原温泉や東尋坊等の観光資源に恵まれた環境下にある。しかし、昭和30年代に入ると高度経済成長下で交通の主役は自動車に移り、盲腸線のような状態になっていた三国線の利用者は減少していった。そして1972年3月1日に休止が続く区間を含む全線が廃止された。

三国港駅付近のえちぜん鉄道三国芦原線MC2101形。写真のレンガ積みの「眼鏡橋」は国鉄三国線時代からのものである。三国港駅のすぐ前には九頭竜川の河口がある。◎2003年9月18日　撮影：牧野和人

牧野和人（まきのかずと）

1962年、三重県生まれ。写真家。京都工芸繊維大学卒。幼少期より鉄道の撮影に親しむ。平成13年より生業として写真撮影、執筆業に取り組み、撮影会講師等を務める。企業広告、カレンダー、時刻表、旅行誌、趣味誌等に作品を多数発表。月刊「鉄道ファン」誌では、鉄道写真の可能性を追求した「鉄道美」を連載する。臨場感溢れる絵づくりをもっとうに四季の移ろいを求めて全国各地へ出向いている。

【写真提供】

荻原二郎、野口昭雄、中西進一郎、長門朗、日比野朗、牧野和人、安田就視
RGG（荒川好夫、伊藤威信、小野純一、高木英二、森嶋孝司、宮地元）

北陸本線
1960〜80年代の思い出アルバム

発行日‥‥‥‥‥‥‥‥‥‥2018年9月5日　第1刷　　※定価はカバーに表示してあります。
　　　　　　　　　　　2019年2月10日　第2刷

著者‥‥‥‥‥‥‥‥‥‥‥牧野和人
発行者‥‥‥‥‥‥‥‥‥‥春日俊一
発行所‥‥‥‥‥‥‥‥‥‥株式会社アルファベータブックス
　　　　　　　　　　　〒102-0072　東京都千代田区飯田橋2-14-5 定谷ビル
　　　　　　　　　　　TEL. 03-3239-1850　FAX.03-3239-1851
　　　　　　　　　　　http://ab-books.hondana.jp/

編集協力‥‥‥‥‥‥‥‥‥株式会社フォト・パブリッシング
デザイン・DTP‥‥‥‥‥柏倉栄治
印刷・製本‥‥‥‥‥‥‥‥モリモト印刷株式会社

ISBN978-4-86598-840-6 C0026
なお、無断でのコピー・スキャン・デジタル化等の複製は著作権法上での例外を除き、著作権法違反となります。